KB261221

흠

# 흄

ⓒ 최희봉, 2004

초판 1쇄 인쇄일 | 2004년 8월 23일
초판 1쇄 발행일 | 2004년 8월 27일

지은이 | 최희봉
펴낸이 | 김현주
펴낸곳 | 이룸

출판등록 | 1997년 10월 30일 제10−1502호
주소 | 121−210 서울시 마포구 서교동 395−101 우신빌딩 5층
전화 | 편집부 (02)324−2347, 영업부 (02)2648−7224
팩스 | 편집부 (02)324−2348, 영업부 (02)2654−7696
e−mail | erum9@hanmail.net
Home page | http://www.erumbooks.com

ISBN 89−5707−114−8 (04100)
    89−5707−062−1 (set)

값 9,300원
● 잘못된 책은 교환해 드립니다.
● 저자와의 협의하에 인지는 생략합니다.

# 흄

David Hume

최희봉 지음

이룸

철학자가 되어라. 그러나 너의 철학 한가운데서도 여전히 인간으로 남아라.

Be a philosopher; but, admidst all your philosophy, be still a man.

— 데이빗 흄

흄은 18세기 서구 유럽의 정신문화를 대표하는 인물 가운데 하나이며, 그는 비단 철학뿐만 아니라 역사, 문학, 예술, 종교 전반에 걸쳐 뛰어난 통찰력과 날카로운 비판력을 갖춘 인문학자이다. 그는 어린 시절부터 고대 그리스와 로마의 고전을 탐독하여 근세 유럽 문화의 사상적 근원을 누구보다 깊이 이해했으며, 당시 유럽 문화의 중심지였던 프랑스에서의 생활을 통해 다양하고 새로운 문화 및 사상을 접했다. 이런 인문학적 학식을 토대로 인문 분야에 관한 다양한 저술을 출간하였으며, 영국에서 출판된 그의 저술들은 대륙의 여러 나라 사람들에게 읽히고 영향을 미쳤다. 독일의 철학자 칸트가 흄의 저작을 읽고 '독단의 잠'에서 깨어났다고 말한 것은 흄이 미친 영향의 한 가지 사례에 불과하다. 이렇듯 흄의 사상은 근대 서구 유럽 문화의 한 표본이며, 이에 대한 이해는 우리 문화의 인문학적 토양을 다지는 데 매우 중요하다. 이것이 필자가 흄을 공부하게 된 연유이며, 또한 이로 말미암아 이 책이 나오게 되었다.

이 책은 크게 세 부분으로 구성되어 있다. 그 첫 부분은 흄의 철학을 이해하기 위한 배경적 설명을 제공하는데, 그의 생애와 저서(1장), 그리고 철학의 주요 과제(2장)에 관한 장이 이에 해당한다. 이 책의 본체에 해당하는 부분(3장~8장)에서는 흄이 주로 다룬 주제들을 하나하나 검토한다. 관념, 인과성, 물리적 대상, 자아, 도덕, 종교에 관한 장들이 그것이다. 이 책의 마지막 두 개의 장(9, 10장)은 흄 사상에 대한 세밀하고 깊이 있는 분석과 해석을 담고 있는데, 이 장들을 읽기 위해서는 서양 철학, 특히 인식론에 대한 어느 정도의 기본적 지식이 요구된다.

비록 출판사의 기획의도에 맞추기 위해 가급적 쉬운 표현과 내용을 쓰고자 노력하기는 했지만, 그 노력이 얼마나 성공했는지는 의문이다. 어차피 지금 우리가 살고 있는 이곳과는 먼 시대, 먼 장소에 살았던 사람의 생각을 단번에 이해시키기를 또

이해하기를 기대하는 것은 무리일 것이다. 아무쪼록 시대와 문화를 뛰어넘는 상상력과 열정을 지닌 독자에게 나머지를 기댈 따름이다. 이 책은 필자가 그동안 공부해온 것들을 정리한 것으로, 그 내용에는 여러 논문집이나 공저에 발표했던 글들이 상당 부분 포함되어 있다. 흩어졌던 연구결과들이 하나로 묶여 한눈에 들어오니 필자로서는 흡족함을 감출 수 없으며, 이런 기회를 흔치 않은 행운이라 여기고 감사의 마음을 갖게 됨은 당연하지만, 마음 한구석에 두려움과 자책이 느껴지는 것 또한 숨길 수 없는 사실이다. 끝으로 우리 사회의 척박한 인문학적 토양에 밑거름을 주려는, 이룸출판사의 야심 차고 뜻 깊은 철학총서 기획에 박수를 보내며, 저자의 졸속한 원고를 붙들고 수고해주신 출판사 여러분들께 감사드린다.

2004년 4월 26일

최희봉

# 1 생애와 저작

데이빗 흄David Hume은 영국 경험론 및 과학적 자연주의(형이상학적 사변에 반대하여 관찰과 귀납을 강조하는 입장)의 전통에서 볼 때 가장 영향력 있는 서양 근대 철학자이다. 그의 여러 사상들은 당대로 보면 급진적이었으며, 그는 이런 사상들을 지식인들에게 전하는 일에 전력하였다. 흄의 이론들은 오늘날의 영미 철학자들로부터도 끊임없이 치열한 사고를 요구하고 있으며, 인식론, 윤리학 및 종교 분야의 사상에 깊고 오랜 영향을 미치고 있다.

흄이 자신의 삶을 살아온 방식과 그의 사유 내용 사이에는 절묘한 일치가 있다. 도덕에 관한 그의 견해는 인간애의 감정인 공감sympathy 및 자신과 타인에게 유용하고 만족스러운 심적 속성들을 강조했다. 이런 견해에 걸맞게 흄은 상냥하고 다정한 성격의 소유자였으며, 생애 전반에 걸쳐 마음의 평정을 유지했던 사람이다. 비록 그의 최고 저작은 세인의 관심을 끄는 데 실패했고, 그의 사상은 대학에서 교수직을 얻는 데 불리하게 악용되는 등, 문필가로서 흄은 많은 불행을 겪었지만, 이런 일들이 그의 성품을 바꾸어놓지는 못했다. 다른 한편으로 그는 철저한 합리적 추리를 통해 종교를 탐구한 사람이었다. 그렇기에 흄이 숨을 거두기 직전 그를 면담한 한 친구가 흄에게 사후세계에 대해 은밀히 바라고 있음을 솔직하게 털어놓으라고 권했을 때, 흄은 평온한 표정으로 그의 지적 성실성을 유지하면서, 종교에 대한 자신의 사상과 부합되게 이렇게 말했다. 그가 자신의 친구들을 다시 볼 수 있다는 생각은 물론 즐거운 일이지만, 아직은 그런 일이 가능하리라고 믿을 만한 근거를 찾지 못했노라고. 또한 그는 철학과 일상생활 사이의 기구한 긴장에 대해 알고 있었기에 자신의 글에서 이렇게 표현하고 있다. 즉 우리는 때때로 연구실 안에서의 추상적 사변에서 벗어나 일상의 사회적 모임에 섞일 필요가 있다고. 이런 연유로 흄의 추앙자들은 다음과 같은 그의 충고를 즐겨 인용한다. "철학자가 되어라. 그러나 너의 철학 한가운데서도 여전히 인간으로 남아라 Be a philosopher; but, admidst all your philosophy, be still a man."(《탐구》9)

## 1. 생애

흄은 1711년 영국 스코틀랜드의 옛 수도였던 에든버러에서 태어났다. 그의 부모는 모두 훌륭한 가문 출신이었으며 버위크 지방의 나인웰스에 그리 크지 않은 토지를 소유하고 있었다. 흄의 부친은 흄이 두 돌 되던 해에 세상을 떠났고, 모친이 세 아이들을 떠맡게 되었는데, 그녀에 대해 흄은 자서전인 《나의 일생》에서 "젊고 아름다우면서도, 자식들의 양육과 교육에 헌신했던 보기 드문 여성"이었다고 기술하고 있다.

1723년, 12세의 나이에 흄은 그의 형 존과 함께 에든버러 대학에 입학 허가를 받았는데, 당시의 학생들은 대개 이렇게 일찍 대학에 들어갔다. 물론 당시 대학에 갈 수 있는 사람은 많지 않았다. 교육은 매우 강도 높게 이루어졌기에, 대부분의 학자들이 흄처럼 이른 시기에 주요 저작을 내놓았으며, 대신 50세 정도면 학문 활동이 끝난다.

흄은 대학 시절에 그리스어와 논리학, 형이상학, 뉴턴 자연철학을 접하였다. 특히 뉴턴을 배출한 케임브리지 대학을 제외하면, 에든버러 대학이 뉴턴의 자연철학을 가르친 첫 번째 대학이었다는 것을 고려하면, 뉴턴이 흄에게 미친 영향의 규모와 강도를 어렵지 않게 짐작할 수 있다.

그는 1725년(또는 1726년)에 학업을 중단했으며, 이후 수년간 집에서 혼자 공부했다. 이 시기에 흄은 문필가로 성공하고자 하는 야심을 품게 되었다. 18세기에는 철학이나 과학, 역사학 등의 세분화된 전문 분야가 없었으며, 이 당시의 문필가란 이런 분야들에 대한 포괄적인 학식과 지혜와 문장을 겸비한 사상가를 뜻한다. 이 당시 흄의 탐구 방향에 관하여 흄은 이렇게 적고 있다. "나의 면학적 기질, 진지함 및 성실함을 보고 내 가족은 법률가가 내게 적합한 직업이라고 생각했다. 그러나 나는 철학 및 일반 학문의 탐구 말고는 다른 모든 것에 참을 수 없는 혐오감을 느꼈다. 가족들은 내가 보에트와 비너의 책을 파고들고 있다고 생각했지만 사실 나는 남몰래 키케로와 비르질리우스를 탐독하고 있었다."《나의 일생》) 이렇듯 흄은 당시의 이름 있는 신학자나 법학자보다는 고대 로마의 철학자나 시인의 글을 통해 철학 또는 문필 쪽으로 자신의 탐구 방향을 잡았던 것이다.

1729년에 그는 신경쇠약으로 고통을 겪어야 했다. 그 당시 의사들은 남성들의 기질을 네 가지로 분류했는데, 그중 지성적 기질은 우울증에 취약했다. 흄도 예외는 아니었다. 이러한 침체기는 5년 정도 지속되었으며, 그 사이에 흄은 어떤 여자와의 염문에 휩쓸리기도 하였고, 무역업에 종사하기도 했다.

흄의 인생은 그가 프랑스로 건너가면서 일대 전환기를 맞았다. 프랑스의 앙주 지방에 있는 아름다운 전원 도시, 라 플래슈는 흄이 《인간 본성에 관한 논고》를 쓰기에 최적의 여건을 제공했다. 그곳에서 그는 데카르트를 배출했던 곳으로 유명한 예수회 대학과 접촉을 갖기도 했다. 1737년 그는 출판 교섭을 위해 런던에 돌아왔고, 거기서 1년을 채 못 있고 고향인 스코틀랜드로 돌아왔다. 1739년에 흄은 《인간 본성에 관한 논고》의 처음 두 권을 익명으로 출판했으며, 1740년에 세 번째 권을 출판했다. 이 책은 오늘날 흄의 철학적 통찰력을 담은 대작으로 평가되고 있지만, 당시에는 세인의 주목을 거의 받지 못했다. 이런 실패에 굴복하지 않고 흄은 10여 년 뒤에 이 책의 내용을 쉽게 바꾸어 《인간 오성에 관한 탐구》(1748년)와 《도덕 원리들에 관한 탐구》(1751년)를 출판했다. 오늘날의 저자들 중에서 흄처럼 거의 같은 주제와 내용의 책을 10여 년에 걸쳐 다시 뜯어고쳐 출판할 만큼 독자들에게 정성을 보이는 사람은 찾아보기 힘들 것이다.

1745년 흄에게 에든버러 대학의 윤리 및 종교 관련 철학 교수 직을 맡을 기회가 주어졌다. 흄은 당시 다소 명성도 있었고 대학 내 고위 인사의 의향도 긍정적이었다. 그러나 흄을 무신론자와 회의론자로 규정한 반대세력에 의해 흄의 노력은 좌절되고 말았다. 대학 당국이 고심 끝에 흄 대신 선정한 인물은 젊고 총명했으며, 무엇보다 사상적으로 안전했다. 그도 그럴 것이, 그는 자신의 사상을 평가받을 만한 저술이 아예 없었기 때

문이었다. 그 신임 교수는 이후로도 아무런 저술 없이 9년을
더 살다 죽었다. 흄과 같은 인물을 알아보지 못함으로써 대학
에서 입은 손실이 오히려 세상에는 득이 되는 일은 예나 지금
이나, 동양이나 서양이나 늘 있는 일인가 보다.

그 이후로 흄은 때로는 귀족의 개인교사로 때로는 장군의 비
서관으로 일하며 훗날의 경제적 자립을 준비했다. 1752년이 되
어서야 비로소 흄은 학문적인 안정을 되찾았다. 그가 에든버러
변호사회 도서관의 사서(도서 구입 및 관리 책임자)가 되어, 그곳의
방대한 자료에 직접 접근할 수 있는 기회를 얻은 것이다. 이때
부터 흄은 《영국사》 저술을 시작했으며, 이후 그의 문필가로서
의 명성은 "영국의 가장 위대한 저술가"라는 평을 받을 만큼 높
았다. 1761년 로마 가톨릭 교회는 그의 모든 저작을 금서목록
에 올렸는데, 이는 당시에 그의 명성이 매우 높았음을 방증하
는 것이기도 하다.

1763년 흄은 파리 사절의 비서관으로 프랑스에 갔다. 거기
서 그는 자신의 역할을 잘 수행하여 대리 대사로 한동안 더 남
아 있을 수 있었고, 그런 사이에 그는 어느덧 파리 사교계에서
환대받는 인물이 되었다. 1766년 흄은 《에밀》의 출간으로 곤
경에 처한 루소를 데리고 영국에 돌아왔고, 그가 머물 만한 은
둔처를 마련하는 데 큰 노력을 기울였다. 그러나 이 골치아픈
천재는 이 모든 친절을 앙심과 악용으로 되갚았다. 1767년 흄

은 요직이던 런던 동부 내무차관 직을 수락하여 2년간 공직을 맡은 후 은퇴해 자신의 고향인 에든버러로 돌아왔다. 1775년 자신이 치명적인 장암에 걸린 것을 알게 된 그는 절명의 확신 속에서도 동요하지 않았다. 그는 늘 그렇듯이 서글서글하게 친구들을 맞았으며, 자신이 쓴 책을 수정, 보완하는 일을 계속함으로써, '마지막까지 참되라'는 그의 가훈에 충실했다. 그는 1776년에 생을 마감했다.


## 2. 주요 저작들

흄 철학의 일반적 성격과 주요 특징을 파악하기 위해 흄이 출판한 저작들의 상세한 목록을 살펴보는 일은 매우 유용할 것이다. 또한 이를 통하여 우리는 흄의 다양한 철학적 저술들 사이의 관계에 대한 그림을 가짐으로써, 흄 철학의 발전 과정을 쉽게 이해할 수 있을 것이다.

첫째, 1739년 흄은 《인간 본성에 관한 논고》(이하 《논고》 혹은 'T')의 처음 두 권을 출판했으며, 1740년에 세 번째 권이 뒤따랐다. 이 책의 표지에는 "실험적 추론 방법을 도덕적 주제들에 도입하려는 시도"라고 쓰여 있다. 흄의 자서전 가운데 자주 인용되는 두 문장은 《논고》에 대해 이렇게 평하고 있다. "나의

《인간 본성에 관한 논고》보다 더 불행한 문필적 노력은 일찍이 없었다. 이 책은 열성가들 사이에 한마디 투덜거림이나마 유발시킬 만큼의 영예조차 얻지 못한 채, 인쇄되는 순간부터 사생아가 되어버렸다.” 이 책은 그의 저작들 중에서 가장 규모가 크고 가장 광범위한 철학적 저작이었으며, 그 자신의 실망에도 불구하고 그의 철학은 일반적으로 이 책으로 평가받았다.

둘째로, 1740년에 《인간 본성에 관한 논고 요약》이 세상에 나왔다. 《논고》와 마찬가지로 이것도 익명으로 출간되었으며 저자를 삼인칭으로 불렀다. 이 〈요약〉의 저자가 흄이라는 사실이 최종적으로 확인된 것은 20세기에 와서 흄 연구가들에 의해서였다. 〈요약〉은 소책자에 불과했지만, 1740년 당시에 흄 자신은 어떤 것들을 《논고》에서 가장 중요하고도 새로운 사상들로 보았는지를 알려주는 평론으로서 그 가치가 매우 크다.

셋째로, 1742년에 또다시 익명으로 15편의 소론을 담은 《도덕 및 정치 에세이》를 에든버러에서 출간했는데, 이것들은 성공적이었다. 이에 고무된 흄은 연이어 후속 판에다 더 많은 에세이들을 덧붙여 출간하였으며, 이것들이 그의 이름을 내건 첫 번째 저술들이 되었다. 이런 저술들은 인문학에 대한 그의 생애 전체에 걸친 일관된 관심이 무엇이었는지를 잘 보여준다는 점에서 관심을 끈다. “이 네 가지 학문, 즉 논리학, 윤리학, 문예비평 및 정치학 안에,” 그가 《논고》 서문에서 말하듯이, “우리가 알아야 할 중요한, 또는 인간의 마음을 개발하거나 가꾸는 데 기여하는 거의 모든 것이 포괄되어 있다."

넷째로, 1748년에 《인간 오성에 관한 철학 에세이》가 출간되었는데, 1758년에 흄은 이것에 《인간 오성에 관한 탐구》(이하 《탐구》 혹은 ʻEʼ )라는 오늘날의 제목을 붙여주었다. 흄은 자서전에서 이 책에 관해 이렇게 쓰고 있다. "내가 늘 생각해왔던 것은, 《논고》가 성공하지 못한 이유에는 그 내용보다는 형식에 있다는 것, 그리고 너무 일찍 출판해버린 사람들이 흔히 범하는 경솔함에 있다는 것이다. 그러므로 나는 그 저작의 1부를 《탐구》에서 새로 썼다." 1751년의 한 편지에서 그는 이렇게 썼다. "내가 믿기로, 《철학 에세이》는 당신이 《논고》에서 접하는, 오성에 관해 중요한, 모든 것을 담고 있으며, 그렇기에 당신에게 《논고》는 읽지 말라고 조언한다"(《편지》 No. 73) 그리고 일찍이 1740년에 이미 흄은 그의 친구 프랜시스 허치슨에게 《논고》에 대한 불만을 토로했다. "냉정한 상태에 있을 때면 일반적으로 이런 생각을 했다. 즉 내 추론의 대부분은 사고의 단초들을 제공하거나 사람들의 호기심을 자극하는 정도로나 사용될 터이지, 후대에 전해줄 만한 지식의 축적물을 증가시킬 모든 원리들을 포함하고 있지는 않은 것 같다"(《편지》 No. 16)고. 그러나 그의 철학적 이론들이 마침내 제대로 관심을 끌기 시작했을 때, 정작 포화가 집중된 곳은 《논고》였다. 이런 비판에 대한 반박의 글들은《여러 주제에 관한 에세이 및 논고》의 결정판(1777)에서 처음 등장했는데, 이 책은《영국사》와《대화》를 제외하고, 그가 보존하기를 원했던 모든 소론들을 담고 있다.

그렇지만《탐구》를《논고》와 비교해보면, 전자가 단순히 후자의 1권《오성에 관하여》의 개정판은 결코 아니라는 것을 알게 된다. 문체는 분명 크게 나아졌지만, 이에 그치지 않고 내용까지 명백히 다르기 때문이다.《논고》1권에서 길게 다루었던, 실체, 공간, 시간 및 인격 동일성과 같은 주제들을《탐구》에서는 아예 뺐거나 아주 간략하게 다뤘다.《탐구》에는 "자유와 필연성에 관하여"라는 절이 포함되어 있는데, 이 주제는《논고》2권,《정념에 관하여》에서 다루어진 내용이다. 또한《논고》에는 없던, 두 개의 독립 절, 10절 "기적에 관하여"와 11절 "특수 섭리와 미래 상태에 관하여"가《탐구》에 새로 포함되었다. 이에 대해 후에 흄이 한 친구에게 보낸 편지로 미루어 알 수 있는 것은, 한때《논고》의 원본은 몇몇 "기적에 관한 추론들"을 포함했었는데, 흄은 이것을 다른 몇몇 글들과 함께 삭제했다는 것이다. 흄에 따르면 그 글들은, "요즘 세상이 그런 쪽으로 가고 있긴 하지만, 아직은 너무 공격적인 것 같아 우려된다. …… 나는 현재 내 저작을 축소시키고 있다. 즉 그 저작의 더 귀중한 부분들을 잘라내고 있다. 그것을 가능한 한 덜 공격적인 내용으로 다듬는 데 힘쓰고 있다"(《편지》No. 6).

《논고》의 "서론"에 해당하는, 《탐구》 1절에서 흄은 자신의 초기 저작 어디에서도 거의 내비치지 않았던 주요 의도 하나를 밝히고 있다. 그는 로크와 마찬가지로 "인간 오성의 본성을 진지하게 탐구하는 것"에 관심을 가졌다. 그러나 《탐구》에서 흄은 다분히 논쟁적이며 현실적이다. 《논고》는 그야말로 논고답게 냉정한 반면에 말이다. 즉 《탐구》는 학문적 철학을 합리적 및 현실적 세계관을 지지하는 영역으로 끌어내리고 있으며, 이는 "대다수 형이상학적 주장들에 대해 극히 정당하고 설득력 있는 반대"를 제기함으로써 진행된다. "즉 형이상학적 주장들은 진정한 학문이 아니며, 오히려 지성에 전혀 열려 있지 않은 주제들로 뚫고 들어가려는 허영에 찬 인간의 결실 없는 노력에서, 아니면 자신들을 정당한 근거 위에서 옹호할 수 없기에, 그런 약점을 감추고 보호하기 위해 일부러 뒤엉킨 가시덤불을 둘러치는 그러한 대중적 미신의 술책에서 비롯된다. 열린 들판에서 쫓기고 있는 이러한 도적들은 숲 속으로 뛰어들어 잠복해 있다가, 호위병 없는 정신의 길목에서 침탈을 자행하며, 종교적 공포와 편견으로 정신을 압도한다."

이런 사실은 해석자들에게 한 가지 문제를 제기한다. 흄 자신의 항변을 고려한다면, 《탐구》를 소홀히 다루고 《논고》에만 관심을 집중하는 것은 "공평무사와 정당한 처리의 규칙에 어긋나는 처사"일 것이다. 한편으로, 아무리 이런 항변이 있다

해도, 《탐구》는 《논고》 1권의 많은 탐구 내용들을 생략하거나 축소시켰다는 이유로 후기 저작을 선호하고 초기 저작을 무시하는 것도 적절치 못하다. 아마도 적절한 접근은 타협일 것인데, 즉 《논고》를 초기의 철학적 탐색을 보존한 기록물로 인정하면서, 《탐구》를 흄의 성숙된 철학의 첫번째 공적 표현으로 대우하는 것이다. 이럴 때 우리는 후자를 다만 전자의 재작성으로 폄하하지 않을 것이요, 단순한 첨삭 이상의 실질적인 변화를 인식하게 될 것이다.

다섯 번째로, 1751년 말 또는 1752년 초에 "내가 개작한, 《논고》의 또 다른 부분인" 《도덕 원리에 관한 탐구》(이하 〈도덕 탐구〉 혹은 'EPM')가 나왔다. 이 두 번째 《탐구》는 《논고》 3권 《도덕에 관하여》를 새롭게 다듬은 책이다. 여기서 흄은 전작의 내용을 철저히 재구성 및 재서술하고 있어서 두 책 사이의 차이를 적절히 도식적으로 보여주기가 거의 불가능하다. 그렇지만 이 경우에도 개정 과정에 진정한 그리고 실질적인 발전이 있었다는 데에는 논의의 여지가 없다.

여섯 번째로, 1752년에 《정치 강화》가 나왔다. 흄은 이것을 "처음 출판 당시에 성공적이었던 나의 유일한 저작"이라고 했다. 이 책은 《도덕 및 정치 에세이》보다 훨씬 더 실속 있고 중요한 내용을 담고 있으며, 미합중국 건국자들에게 상당한 영향을 미친 것으로 알려져 있다. 그렇지만 정작 흄 자신은 초기부터 미국 식민지주의자들의 열망에 강한 동정심을 품었으며 시종일관 이런 태도를 지켰다. 《정치 강화》는 정치·경제학에 대한 역사적으로 중요한 여러 논문들을 포함하고 있다. 한편 〈고대 국가들의 인구에 관하여〉라는 에세이는 역사학적, 인구학적 연구에 있어 초석이 된다. 이것을 포함한 다른 유관 논문들은 흄이 사회학적 연구에도 적극적인 관심을 갖고 있었음을 잘 보여주고 있다.

일곱 번째로, 1754년에 흄은 에든버러에서 《스튜어트 왕조의 역사》를 발간했는데 이것이 결국 그의 《영국사: 율리우스 시저의 침략부터 1688년 혁명까지》의 마지막 권이 되었다(이하 《영국사》). 다음 해부터 1762년까지는 역사를 거슬러 올라가 더 초기의 시대를 다루는 글들을 발표했다. 이렇듯 흄은 그의 《영국사》를 서술할 때, 마녀들이 그들의 희생물들에게 '되돌아가라!backwards!' 고 말하며 마술을 걸듯이, 시대를 거슬러 올라가는 방식으로 서술했다. 그의 공직 기간(1763~1769) 동안, 그리고 그 이후에 자신의 역사를 다룬 저작을 그의 당대까지 확장하여 완성할 기회와 유혹이 있었지만, 그는 다음과 같이 아주 솔직함으로써 이를 거절했다. "나는 이 제안뿐만 아니라 다른 모든 저술에 관련한 제안도 사양하지 않을 수 없다. 그 이유는 나는 너무 늙었고, 너무 살쪘고, 너무 게으르고, 그리고 너무 부자이기 때문이다."[1]

　이《영국사》는 비록 한 세기 이상 큰 인기를 누렸지만, 이제는 시대에 뒤떨어진 고서가 된 지 오래다. 그래도 이 책은 특별한 계몽의 산물이기에, 이 방면의 연구나 사료학의 일반적 연구에 가치를 지닌다. 여기서 주목할 만한 것은 자연주의적이고 중립적인 독자성을 지키려는 그의 일관된 노력이다. 프랑스의 계몽사상가인 볼테르의 평에 따르면, "흄은 그의《영국사》에서 의회파도 아니요, 왕당파도 아니며, 국교화파도 아니고, 장로교파도 아니다. 그는 순전히 재판관의 입장에 있다. ……우리가 그에게서 발견하는 탁월함은, 그가 제시하는 자료들에 있다기보다는 그의 정신에 있다. 그는 의사가 전염병에 대해 이야기하듯이 약점들, 실책들, 잔인성들에 관해 이야기한다".[2]

　여덟 번째로, 1757년에《네 편의 논문》이 나왔다. 이 가운데 첫 번째 것, 즉 〈종교의 자연사〉는 그 제목이 부분적으로 암시하듯이 자연현상으로서의 종교의 근원과 발전에 관한 독자적인 고찰의 시도이다. 두 번째 것, 즉 〈정념에 관하여〉는《논고》2권과 동일한 문제를 다루고 있는데, 말마디까지 똑같은 부분도 있다. 그러나 이 논문에는《논고》에 있는 중요한 부분이 빠져 있는데, 자유와 필연성에 관한 논의를《탐구》로, 그리고 이성과 행위에 관한 논의를《도덕 탐구》로 옮긴 뒤 남게 된《논고》2권의 내용이 바로 그 빠진 부분이다. 그 부분은 관념과 인상 사이의 구분과 관념 연합의 원리를 심리학적 현상에 체계적으로 적용하는 내용들로써, 이에 대해 흄은 〈요약〉에서 다음과 같이 과감하게 주장한 바 있다. "만일 저자가 '발견자'라는 영광스런 타이틀을 얻을 자격이 있다면, 그것은 그의 관념 연합 원리의 사용 덕분이다." 다른 두 논문은 미학에 관련된, 〈비극에 관하여〉와 〈취미의 기준에 관하여〉이다. 원래 마지막 네 번째 논문은 "기하학과 자연 철학에 앞선 몇 가지 고찰"이 실릴 계획이었다. 그런데 흄은 이것을 철회하고 다른 두 개로 대체했다가 결국에는 다시 이것들을 〈취미의 기준에 관하여〉로 대체했다. 철회된 것들 가운데 두 개가 모두 남아 있는데, 〈자살에 관하여〉와 〈영혼의 불멸성에 관하여〉가 그것이다.

아홉 번째로, 1779년에 유고집으로 《자연 종교에 관한 대화》가 나왔다. 흄은 일찍이 1751년부터 이 저작을 집필하기 시작했는데, 그의 조심스러움과 친구들의 압력으로 그의 사후에야 비로소 세상에 나오게 되었다. 이 유고집의 내용은 흄 해석가들에 의해 구체적인 해석을 얻게 되었는데, 이 글에 등장하는 필로는 시종일관 흄의 입장을 대변하며, 데미아는 흄 당대의 논객인 클라크 박사Dr. Clark를, 클린테스는 버틀러 주교Bishop Butler를 대변한다는 해석이 일반적으로 받아들여지고 있다. 그렇지만 이러한 해석들이 요구된다는 사실 자체가 보여주듯이, 흄의 저술들을 통해 그의 철학적 사고를 규정하는 데에는 어려운 문제들이 적지 않다. 여기에는 《논고》와 《탐구》가

있음으로 해서 생기는 특수한 문제도 있고, 저술 내용의 광범
위함과 복잡성으로 인해 발생하는 더 일반적인 문제도 있다.
흄이 고찰하고 있는 주제의 범위는 근대의 다른 어떤 위대한
철학자들이 다루는 것보다도 더 폭넓다. 철학 일반뿐만 아니라
도덕, 정치학, 미학 및 종교철학까지 광범위한 주제를 다룬다
는 면에서 흄은 데카르트, 로크, 라이프니츠, 버클리보다는 칸
트와 유사하다. 그 복잡성은 표현의 부적절함이나 사고의 뒤엉
킴에 기인한다기보다는, 흄 자신이 결코 다루기 쉽지 않은, 때
로는 불가능하기도 한 다수의 표적들을 대상으로 삼고 있다는
사실에서 나온다. 따라서 이 책에서 필자는 이 주제들을 모두
다루려 하지는 않을 것이다. 대신에 역사적으로 가장 흥미롭
고, 흄에게서 가장 특징적이고 오늘날과 가장 관련이 깊은 몇
가지 주제들을 선정하여 살펴보고자 한다.

# 2 철학의 과제와 그 전개

## 1. 흄 철학의 과제

흄 자신이 설정한 철학의 과제는 '인간 본성 탐구로서의 인간학'을 세우는 일이다. 최근의 흄 해석가들은 이런 과제를 '자연주의 프로그램'이라고 부르는데, 이것은 구체적으로 인간 마음의 몇몇 뚜렷한 작용들을 설명하려는 탐구 기획이다. 즉 어떻게 그리고 왜 이런저런 종류의 사고, 지각, 믿음, 느낌 등등이 우리의 마음에 발생하는지를 설명하려는 기획이다.

이런 흄의 탐구 기획은 기본적으로 건설적이고 낙관적이다. 이것은 주로 17세기 후반 영국에서 시작된 계몽주의의 영향에 기인한다. 이런 점에서 흄은 18세기 유럽 계몽주의의 선구적

인물이다. 계몽주의의 낙관론에 고취되어 그는 인간 본성에 관한 일반 이론을 확립하고자 하는 대담한 기획에 나선 것이다. 이 인간학science of man은 주로 '도덕적 주제들'에 관심을 가진다. 이 도덕적 주제들은 '물리적 주제들'과 대조되는데, 후자가 자연 세계의 대상들과 현상들을 포괄한다면, 전자는 인간의 마음과 사회에서의 인간관계를 포괄한다. 흄의 시대에는 인간과 독립된 자연 세계를 다루는 자연철학과 인간 본성의 여러 측면을 다루는 도덕철학 사이를 구분하는 것이 통례였다. 흄의 '인간학'은 다름 아닌 도덕철학의 또 다른 이름이다. 즉 그것은 (사고하고, 믿고, 지각하고, 느끼고, 언어를 사용하는 등등의) 인간 활동들, 즉 도덕적 주제들에 주목한다.

흄 인간학의 또 다른 특징은 바로 그의 자연과학적 방법의 채택이다. 이것은 그의 주저 《논고》의 부제를 보면 확연히 드러난다. 그 부제는 "실험적 추론 방법을 도덕적 주제들에 도입하려는 시도"라고 되어 있다. 여기서 '실험적 방법'이 의미하는 바는 오직 경험에 의해 보장되고 지지되는 결론만을 인정한다는 것이다. 이런 뜻에서 그는 "인간학은 반드시 경험과 관찰위에 놓여져야 한다."고 말한다. 이와 관련하여, 뉴턴 과학이흄의 인간학에 지대한 영향을 미쳤다는 것은 흄 연구자들에게는 잘 알려진 사실이다. 실제로 흄이 그의 인간학을 뉴턴적 모델에 따라 진행하고 있음을 우리는 《논고》의 서론에서 분명히 확인할 수 있다. "실험 물리학의 아버지"(T 646)로서 베이컨과 더불어 시작된 근대 자연과학이 뉴턴에 의해 완성된 것을 고려할 때, 로크, 샤프츠베리, 맨드빌, 허친슨, 버틀러와 같은 "최근의 몇몇 철학자들"(T xvii, fn. 1)과 더불어 시작된, 뉴턴 프로그램을 도덕적 주제에 적용하려는 인간학의 시도는 흄에 의해 완성된다. 따라서 흄은 인간학에서의 뉴턴에 해당된다고 할 수 있겠다.

무엇보다도 이런 자연주의적 입장은 데카르트가 채택했던 합리론의 입장과 대조된다. 데카르트는 과학을 제1원리로부터의 증명으로 보았다. 흄은 과학을 이렇듯 순수 연역적 개념으로 이해하는 합리론적 견해를 거부하며, 과학 및 과학적 지식을 구성하는 것에 관한 경험적, 실험적 개념을 옹호한다. 흄에게 과학은 경험과 실험을 허용하는 대상들에 한정된다. 자명한 제1원리들에 근거한 궁극적 설명 또는 정당화에 대한 합리론적 요구에 관하여, 흄은 그러한 설명이나 정당화가 가능하다고 생각하지 않으며, 나아가서 그러한 요구 자체가 포기되어야 한다고 생각한다.

흄의 철학을 인식론의 관점에서 본다면, 흄은 기본적으로 데카르트가 제시한 근대 인식론의 과제, 즉 '확실성의 추구' 라는 과제의 틀 안에서 출발한다. 지식은 마지막까지 정당화되어야 한다는 것이다. 이러한 확실한 지식은 흄에 있어서 논리학이나 수학에서의 지식처럼 우리 지각들 사이의 관계에 한정된다. 그러나 이러한 지식은 세계에 관한 지식은 아니다. 흄이 더 관심을 가진 것은 바로 세계에 관한 사실적인 지식이다. 즉 세계를 이루고 있는 사물들의 존재, 이것들의 인과적 운동, 그리고 이러한 세계의 일부이면서 독립적으로 존재하는 자아에 대한 지식이다.


## 2. 흄 철학의 전개

흄에 따르면, 이러한 사실적인 지식들은 감각경험에 근거해야 한다. 즉 이러한 관념들은 인상에서 찾아질 수 있어야 한다. 이러한 관념들의 인상을 추적하는 일이 바로 흄의 인간학의 출발점이 된다(관념들에 관한 흄의 일반적 논의는 뒤에서 "관념에 관하여" 라는 장에서 따로 다룰 것이다). 우리의 정신 활동의 바탕이 되는 앞의 세 가지 관념들에 대한 탐구는 먼저 회의론을 그 안에 포함한다. 즉 흄은 이러한 관념들에 정확하게 상응하는 감각인상을 찾을 수 없음을 지적한다.

먼저 흄의 인과성 분석에 따르면, 인과의 관념은 '시간 공간적 근접성' 과 '결과에 대한 원인의 시간적 우선성' 그리고 원인과 결과의 '필연적 결합necessary connection' 의 관념으로 이루어져 있다. 이것들 가운데 본질적인 것은 필연적 결합의 관념이다. 따라서 흄은 이러한 필연적 결합이라는 관념의 근원이 무엇인지를 탐구하는 쪽으로 초점을 맞춘다. 흄의 지각 이론에 따르면 이 관념은 이것에 직접 대응되는 인상이 있어야 한다. 그러나 흄은 이것을 찾지 못한다.

다음으로 물리적 대상이 존재한다는 관념에 관하여, 흄은 인과성에 관한 관념을 다룰 때와 유사한 방식으로 탐구한다. 흄은 외부 대상이 존재한다는 관념을 당연한 사실로 인정하고, 이러한 관념이 어떻게 생겨났는지 묻는다. 흄에 따르면, 이런 관념은 물리적 대상의 '지속적 존재'에 대한 관념과 '판명한 존재'에 대한 관념으로 이루어져 있다. 그러나 흄은 이 '지속 판명한 존재'에 대한 관념이 직접적인 인상에 기초하지도 않고, 이성적 추론에 의해 도출되지도 않음을 관찰한다.

마지막으로 흄은 '자아'의 관념을 다룬다. 일반적으로 우리는 자아가 일생을 통하여 하나의 동일한 존재로서 지속적으로 존재한다고 생각한다. 흄은 이 관념의 근원에 대해서도 마찬가지로 회의적인 결론에 도달한다. 우리는 자아의 관념에 상응하는 인상을 찾을 수 없다는 것이다. "만일 어떤 인상이 자아의 관념을 일으킨다면, 그 인상은 우리 삶의 전 과정을 통해서 불변하는 동일한 것으로 유지되어야 할 것이다. 왜냐하면 자아란 그런 식으로 존재한다고 상정되기 때문이다. 그런데 그런 항상

적이고 불변하는 인상이란 없다.”(T 251) 우리가 경험하는 것
은 일단의 인상들뿐이지, 이것들의 기반이 된다고 여겨지는 자
아나 주체가 아니다. 우리는 자아를 직접 경험하지 못한다.
“여러 다른 지각들의 덩어리 또는 집단, 이것들 각자는 아주
빠른 속도로 끊임없이 흐르고 운동하면서 서로를 뒤따른다.”(T
252) 이것이 흄이 자아의 관념에서 관찰한 전부이다.

그러나 흄의 탐구는 이러한 회의론으로 끝나지 않는다. 흄이
한걸음 더 나아가기 위해 주목한 것은, 앞의 세 관념들이 이것
들에 상응하는 인상들을 가지고 있지 않을지라도, 사람들은 어
쨌든 세 관념을 확고하게 유지한다는 사실이다. 사람들은 원인
과 결과의 필연적 결합을 확고하게 믿는다. 가령 “내일 태양이
떠오를 것이다. 또는 모든 사람은 반드시 죽는다.”는 사실을
그저 그럴듯한 일인 양 말한다면, 이는 “터무니없는 소리처럼
들릴 것이다”.(T 124) 외부의 물리적 세계가 존재한다는 믿음
도, 지속적인 통일체로서의 자아의 관념도 역시 사람들의 마음
속에 확고하게 자리 잡고 있다.

그렇다면 이러한 확고한 관념은 어디서 왔는가? 궁극적으로
우리 마음의 자연적 경향성에서 왔다고 흄은 결론짓는다. 그에
있어서 자연적 경향성이란 ‘상상력’, ‘본능’과 바꾸어 쓸 수 있
는 개념으로서 우리 마음의 작용을 설명하는 근본원리에 해당
한다고 볼 수 있다. 사물이 인과적으로 움직인다고 하는 우리

의 신념, 물리적 대상들로 이루어진 외부 세계가 존재한다고 하는 신념, 그리고 자기동일성을 지닌 자아가 존재한다는 신념들도 결국은 이러한 인간의 본능적 경향성으로 인해서 생겼다고 하는 것이 근대 인식론의 주요 주제들에 대한 그의 인간학적 탐구의 최종 결론이다. 인과의 관념에 관하여, 원인과 결과의 '항시적 동반constant conjunction'을, 즉 두 대상들 사이의 지속적인 동반을 반복적으로 관찰함으로써 사람들은 필연적 결합의 관념을 가지게 된다는 것이다. 또한 물리적 대상의 존재에 대한 관념에 관하여, 흄은 이런 관념을 일으키는 인상들 사이에 관찰되는 '항상성'과 '정합성'이라는 성질에 주목한다. 이러한 성질을 보이는 일련의 인상들에 대해 마음은 '지속 판명한 존재'의 관념으로 전이한다는 것이다. 마지막으로, 자아의 관념을 일으키는 인상들은 '유사성'과 '인과성'의 성질을 보인다. 이러한 두 가지 성질로부터 우리의 마음은 자연스럽게 '동일성'의 관념 쪽으로 이전해 간다는 것이 흄의 설명이다.

이렇게 인과성, 외부 세계, 자아에 대한 관념의 근원을 찾는 흄의 작업은 인간 마음의 특정한 자연적 경향성을 확인하는 데에서 끝난다. 흄에 있어서 이것이 우리의 지식에 관해서 말할 수 있는 전부이다. 흄의 이러한 탐구는 비단 인식론적 주제들에 한정되지 않는다. 도덕과 종교에 관해서도 흄은 마찬가지 방식으로 탐구한다. 이러한 탐구가 바로 흄이 주창한 '인간학'

의 내용이며, 이런 점에서 흄은 무엇보다도 인간 본성human nature을 탐구한 철학자라고 할 수 있다. 그렇기에 경험론자로 그리고 회의론자로 널리 알려져 있는 흄에게 오늘날의 흄 연구자들이 추가하여 부여하는 명칭은 '자연주의자' 혹은 '후기 회의론자' 이다.

# 3 관념에 관하여

흄의 인간학을 구성하는 한 축은 분명 로크로부터 버클리를 통해 이어진 경험론이다. 경험론자로서의 흄은 우리의 모든 지식은 경험으로부터 온다고 믿었으며, 경험의 내용에 대해서는 무엇이든 '지각'이라는 용어를 사용했다. 여기서 지각은 로크의 '관념'에 해당하는 것으로서 우리가 보고, 느끼고, 상상하는 등의 정신 활동을 할 때 우리의 머릿속에 떠오르는 것들을 가리킨다. 따라서 이 용어는 우리가 오늘날 이를 사용할 때보다 훨씬 더 넓은 영역의 정신 활동을 포함한다. 이러한 지각은 기본적으로 두 종류로 이루어진다. 인상과 관념이 그것이다.

인상은 우리가 무엇을 보고, 느끼고, 사랑하고, 미워하고, 욕구하고, 의지할 때 가지는 경험이다. 흄은 이런 경험을 '생생하다'는 말로 설명한다. 이는 인상이 관념보다 더 분명하고 자세하다는 뜻이다. 이런 의미에서 관념은 인상의 복사물이다. 즉 관념은 우리가 우리 경험을 회상하거나 상상력을 가동할 때 그 대상이 되는 것들을 말한다.

예를 들어 지금 내가 어떤 학회에 참석해 있다고 가정하자. 이때 나의 감관에 느껴지는 여러 가지 감각들이 바로 흄이 인상이라고 부르는 것들이다. 즉 발표자와 청중들의 진지한 표정, 때때로 귀를 자극하는 스피커의 잡음, 앞사람에게서 풍기는 특이한 샴푸 냄새, 자판기 커피의 달면서도 진한 맛과 같은 것들이 그것이다. 이것들은 매우 구체적이고 생생하다. 나는 집에 돌아가서 학회에서 있었던 일을 기록할 것이다. 기록하면서 나는 지금의 생생한 인상들을 되살릴 것이다. 그럴 때의 기억의 대상들은 흄의 용어에 따르면 관념이 된다. 이 관념들은 내가 실제 학회에서 가졌던 인상들과 대체로 유사하겠지만 그 인상들만큼 생생하지는, 즉 분명하거나 자세하지는 않을 것이다.

흄은 본유관념에 관하여 기본적으로는 로크의 견해에 따른다. 우리의 관념 모두는 인상의 복사물이기에 본유관념은 존재하지 않는다는 것이다. 이는 우리가 처음에 인상으로서 경험하지 못한 어떤 것의 관념을 가지는 것은 불가능하다는 말이다. 그렇다면 내가 한 번도 본 적이 없는, 그래서 그것의 인상을 결코 가져본 적이 없이도 황금 산을 상상할 수 있다는 사실을 흄은 어떻게 설명하겠는가? 그의 답은 단순 관념과 복합 관념의 구분에 의존한다. 단순 관념은 모두 단순 인상에서 온다. 이것들은 색깔, 모양과 같은 것들에 대한 관념, 즉 더 이상 부분들로 나뉠 수 없는 관념이다. 복합 관념은 단순 관념들의 결합물이다. 따라서 나의 황금 산의 관념은 '산' 과 '황금' 이라는 단순 관념들로 이루어진 복합 관념에 지나지 않는다. 그리고 이러한 단순 관념은 궁극적으로 산에 대한, 그리고 황금으로 된 물건들에 대한 나의 경험에서 나온다.

결국 흄이 관념과 인상에 관한 탐구를 통해 도달하는 결론은 '모든 관념은 그에 앞선 인상에서 나온다.' 는 것이다. 그렇다면 이런 결론을 지지하는 근거는 무엇인가? 우리의 모든 관념이 생각 속에서 여러 구성 요소들로 나뉠 수 있으며, 이러한 요소들은 궁극적으로 인상들로부터 나왔음을 알 수 있다는 사실이 그 근거이다. 태어날 때부터 완전히 눈이 먼 사람은 색깔에 대한 시각 인상을 갖지 못했기 때문에 빨강이라는 색의 관념을 가질 수 없다는 사실이 이런 설명을 더욱 잘 뒷받침한다. 이와 마찬가지로, 그러나 다소 논란거리가 되는 것으로서, 흄은 이기적인 사람은 관대함의 느낌에 대한 관념을 형성할 수 없으리라고 말한다.

흄은 관념들 사이에 세 가지 유형의 연합을 제시한다. 바로 이것들이 어떻게 우리가 하나의 사고에서 다른 사고로 옮겨가는지를 설명해준다. 유사성, 근접성, 원인과 결과가 그것이다. 만일 두 사물이 서로 **유사하다**면, 하나에 대한 우리의 사고는 자연스럽게 우리를 다른 하나의 사고로 이끈다. 예를 들어 내가 내 딸을 그린 그림을 볼 때, 나의 사고는 자연스럽게 딸아이에게로 이끌린다. 만일 두 사물이 시간 또는 장소에 있어 **근접하다**면, 즉 이것들이 서로 가까이 있다면, 마찬가지로 하나의 관념이 다른 하나의 관념으로 옮겨간다. 따라서 내가 우리 집 부엌을 생각한다면, 나의 사고는 쉽게 그 옆에 있는 거실로 옮겨갈 것이다. 이것들은 서로 인접해 있기 때문이다. 마지막으로, 두 개의 사물 중 하나가 다른 하나의 **원인이 됨으로써 서로 관련된다**면, 원인에 관한 사고는 우리를 그 결과에 대한 사고로 이끌 것이다. 예를 들어 내 발등에 망치가 떨어지는 관념을 떠올린다면, 이 관념은 아픔의 원인이기에 나의 사고는 곧바로 아픔의 관념으로 옮겨갈 것이다. 관념과 인상의 구분 그리고 세 가지 관념 연합 원리로 무장한 흄은 이제 자신이 인간 마음의 모든 의식 작용을 설명할 수 있다고 믿는다.

# 4 인과성

## 1. 문제의 배경

우리는 앞 장에서 흄 철학의 과제와 그 전개 과정을 살펴보면서 이미 인과성의 문제를 살펴보았지만, 거기서는 다만 흄철학의 전반적 흐름 속에서 간략히 다루었을 뿐이다. 이 장에서는 인과성이라는 주제에 관해 좀 더 자세히 살펴보겠다. 흄자신이 잘 파악하였듯이, 인과성은 다른 여타의 추리나 신념의 근간을 이루는 아주 기본적인 주제이기 때문이다. 또한 '인과성 문제'는 그 자체가 하나의 독립된 철학의 문제이며, 이런 탐구 분야의 터를 닦은 철학자가 바로 흄이기도 하다.

우리는 사물이나 사건들 사이에 인과관계가 있음을 굳게 믿고 있다. 가령 우리는 이 당구공으로 저 당구공을 맞추면 저 당구공이 움직이리라고 믿는다. 이런 믿음의 실체는 무엇일까? 흄은 이 물음에 대해 나름대로 답을 제시하고 있는데, 이것이 《논고》 1권 3부와 《탐구》 7절의 주된 내용을 이룬다. 그 내용을 살피기에 앞서, 몇 가지 보충 설명이 필요하다.

먼저, 인과성에 관련된 여러 용어들을 정리해보자. 인과성이란 원인과 결과라는 관계가 보여주는 성질을 의미한다. 당구공 하나가 다른 하나에 부딪히면 다른 하나가 움직이게 된다. 여기서 우리는 두 개의 당구공 사이에 인과관계적 성질이 있음을 관찰한다. 우리가 두 개의 사물이나 사건이 이런 성질을 갖는다고 생각할 때, 이는 곧 우리가 그 두 가지에 대해 인과성의 관념을 갖고 있다는 뜻이 된다. 그리고 이런 관념이 아주 강할 때 우리는 인과성에 대한 믿음(신념)을 갖게 된다.

다음으로, 인과적 신념은 무엇보다 추론의 결과로 얻어진다. 왜냐하면 이것은 우리가 '원인'이 되는 한 사건의 관찰로부터 '결과'라고 불리는 다른 사건에로, 또는 그 반대 방향으로 추론하여 얻은 신념이기 때문이다. 따라서 원인과 결과에 관한 우리의 신념은 추론에 기초하며, 성격상 추론적이다. 다음으로, 흄에게 인과적 신념은 사실 문제와 관련된다. 사실 문제에 관한 우리의 판단은 모두 인과적이다. 흄은 이렇게 말한다. "한 대상의 존재 또는 운동으로부터 이것이 다른 하나의 존재 또는 운동에 의해 발생되었다는 확신을 우리에게 주는 그러한 연결을 낳는 것은 오직 인과성뿐이다."(T 73~74) 나아가서 사실 문제에 관한 거의 모든 신념들은 부분적으로는 현재 우리에게 관찰되어지지 않는 것에 관한 것들이다. 이것들은 우리의 감각경험의 범위를 넘어서 있는 미래, 과거 또는 현재의 사건들에 관한 신념들을 포함한다. 내일 태양이 떠오를 것이다,(E 26) "시저는 3월 15일에 원로원에서 살해되었다."(T 83)고 하는 신념이나, 한 사람이 자기와 떨어져 있는 친구에 대해 "그가 이 나라에 있거나 또는 프랑스에 있다."(E 26)고 하는 신념을 가질 경우가 그 예들이다.

이렇게 보면, '인과적 신념'이란 사실상 귀납에 대한 우리의 믿음(귀납적 신념)과 다름없다. 즉 흄에게 있어, 인과추론과 귀납추론은 똑같은 말이 된다. 귀납과 인과추론이 모두 현재 경험을 넘어선 사실 문제에 관한 추론이라는 의미에서 말이다. 인과적 신념의 이런 성격을 흄은 다음과 같이 요약한다. "우리의 감각 너머로 진행될 수 있는, 그리고 우리가 보거나 느끼지 못하는 존재와 대상들에 대해 우리에게 알려주는 유일한 관계가 인과성이다."(T 74)

## 2. 인과성 분석

사물이나 사건들 사이의 인과적 성질에 대한 우리의 믿음을 검토하기 위해, 흄은 인과성의 관념을 분석한다. 먼저, 흄은 인과적 관계들이 보여주는 두 가지 성질, 즉 근접성과 우선성을 관찰한다. 원인과 결과는 공간적으로, 시간적으로 근접해 있다. 그리고 원인은 결과에 시간적으로 우선한다. 그러나 흄은 이 두 가지 성질들만으로는 인과성을 분석하기에 충분치 않다고 생각한다. "하나의 대상은 다른 하나와 근접하고, 그것에 선행하면서도, 그것의 원인으로 간주되지 않을 수 있다."(T 77)는 사실 때문이다. 그런데 흄은 인과성에 관한 우리의 관념에서 또 다른 더욱 중요한 성질을 발견한다. '필연적 결합'이 그것이다. 이 관계는 앞에서 언급했던 다른 두 가지보다 훨씬 더 중요하다. 왜냐하면 한 대상을 지각하고, 이것과 필연적 결합의 관계에 있는 다른 대상을 알 때에 우리는 지각된 대상에서 지각되지 않은 대상으로 전이할 근거를 가지게 되기 때문이다. 사실, 우리는 이 당구공이 저 당구공에 맞으면 저 당구공이 '반드시' 움직일 것이라고 믿는다. 흄은 '반드시'가 우리의 인과관념의 핵심이라고 본 것이다.

그런데 흄은 막상 인과관념의 분석을 통해 필연적 결합을 찾아내고 나서, 이 필연적 결합의 관념에 심각한 결함이 있음을 발견한다. 즉 흄은 이 관념에 대응하는 인상을 찾을 수 없었다. 사실, 우리가 하나의 당구공을 다른 당구공을 향해 때리면서, 이 당구공이 저 당구공을 반드시 움직이게 하리라고 예상은 하지만, 그 순간에 두 개의 공의 충돌을 직접 관찰하고 있는 것은 아니다. 우리는 두 개의 공이 실제로 부딪치기까지는 둘 사이의 필연적 결합을 관찰하지는 못한다.

　여기까지 흄은 단일한 사례의 인과관계를 직접 조사함으로써 인과관계의 근접성과 우선성을 확인했고, 필연성은 확인하지 못했다. 이제 흄은 관심을 개별적 경우들의 집단들에로 돌리면서, 그리고 기억의 도움을 받아서, 대상들 사이의 '항시적 동반constant conjunction(두 대상이 늘 붙어 다님)'이라고 하는 매우 중요한 성질을 발견하게 된다. 이에 관해 흄은 이렇게 설명한다. 즉 "우리는 특정 종류의 대상들의 존재에 관한 빈번한 사례들을 겪었던 것을 기억한다, 또한 또 다른 종류의 대상들의 개별 사례들이 늘 앞의 것들에 수반된다는 것, 그리고 그것들에 대해 근접과 연속이라는 규칙적 질서 안에서 발생해온 것을 기억한다".(T 87) 인과추론이 가지는 이러한 성질은 인과성에 있어 매우 중요하다. 이것이 현재 지각을 넘어선 인과추론의 유일한 경험적 토대가 되기 때문이다. 이러한 항시적 동반의 발견에 힘입어, 흄은 자신의 관심을 바꾼다. 즉 필연적 결합을 인상들(감각경험) 속에서 직접 찾는 쪽에서 마음의 작용(항시적 동반이 관찰될 때의 마음의 전이)을 살피는 쪽으로 관심을 돌린다.

지금까지의 요점은 다음과 같다. 우리가 과거에 두 개의 사건들 사이에 인과적 결합을 경험했다면, 그리고 지금 그중 하나의 사건을 관찰한다면, 우리는 자동적으로 '다른 하나도 발생하리라고' 믿게 된다. 달리 말해서 하나의 사건을 지각하면 우리는 다른 하나의 발생을 믿도록 강제된다. 흄의 용어로 말하자면, 우리의 마음은 하나를 관찰하는 것에서 아직 관찰되지 않은 다른 하나의 신념에로 이전한다. 이렇게 마음이 움직이는 것(이렇게 믿게 되는 것 또는 추론하는 것)의 근거는 무엇인가? 그리고 어떻게 이것이 발생하는가?

## 3. 인과적 신념의 정당성

이제 그는 항시적 동반에 기초한 추리, 즉 인상으로부터 관념에로의 전이의 본성에로 탐구의 방향을 돌리고, 이것의 정당성을 묻는다. "경험이 관념을 낳는 것은 오성에 의해서인가, 아니면 상상력에 의해서인가? 우리가 그러한 전이를 행하는 것은 이성에 의해서 결정되는가, 아니면 어떤 연합 및 지각들의 관계에 의해 결정되는가?"(T 88~89) 이러한 물음은 '일양성uniformity 원리'에 대한 문제로 귀착된다. 흄은 이 원리가 관찰을 넘어선 존재들의 발생과 운동에 대한 추론(즉 인과추론)의 밑바닥에 있는 근본 전제라고 생각하기 때문이다.

자연의 일양성을 가정하는 것에 관하여, 흄은 다음과 같이 근본적인 물음을 제기한다. "우리가 과거의 규칙성을 미래에로 투사할 때, 우리가 가정하고 있는 것은 무엇인가?" 그 가정은 다음과 같은 원리이다. 즉 "우리가 아직 경험하지 못한 특정 사례들이 우리가 일찍이 경험했던 사례들과 반드시 유사하며, 그리고 자연의 과정은 언제나 일양적으로 동일한 것을 지속한다".(T 89) 예를 들어 하나의 당구공이 다른 당구공에 충돌할 때, 이 충돌이 다른 공의 운동을 일으키리라고 믿는 것은 내가 관찰하지 못한 사건들이 내가 관찰했던 사건들과 유사하다는 신념에, 더 일반적으로 말하면 '자연의 일양성'에 대한 나의 신념에 기초한다.

이 원리를 경험을 넘어선 사실 추론의 토대라고 밝히면서, 흄은 이것의 정당성을 묻는다. 그러면서 그는 이 자연의 일양성 원리가 이성에 기초하는지 아니면 경험에 기초하는지를, 즉 이 원리가 지식의 문제인지 아니면 개연성의 문제인지를 검토한다. 이를 위해 흄은 두 가지 종류의 논증을 고찰한다. 증명에 의한 논증과 관찰 및 경험에 기초한 논증이 그것이다.

먼저, 자연의 일양성 원리를 지지하는 증명에 의한 논증은 불가능하다. 그 명제가 부정될 가능성이 항상 있기 때문이다.

즉 그 신념은 거짓이 되어도 아무런 모순을 포함하지 않기에, 분석적인 또는 필연적인 참이 아니다. 흄에 따르면, "우리는 적어도 자연의 과정에서 변화를 생각할 수 있다. 이것은 그러한 변화가 절대로 불가능하지는 않다는 것을 충분히 입증한다".(T 89) 다음으로 흄은 그 원리가 관찰과 경험에 관한 개연적 고찰에 기초하지 않음을 밝힌다. 우리는 경험 자체가, 관찰되지 않은 것이 관찰된 것과 유사하리라고 믿을 이유를 우리에게 제공한다고 생각할 수 없다. 그 어떤 가능한 '관찰로부터의 논증'도 순환적일 것이기 때문이다. 경험에의 호소는 논점을 선취한다. 왜냐하면 "개연성은 우리가 경험했던 대상들과 그렇지 않은 대상들 사이의 유사성의 가정에 기초하며, 그렇기에 이러한 가정이 개연성으로부터 생겨나는 것은 불가능하기 때문이다".(T 90)

결국 흄은 이렇게 결론짓는다. "우리는 우리가 경험했던 대상들과 우리의 발견의 영역 너머에 있는 대상들 사이에 유사성이 있음에 틀림없다는 것을 가정할 뿐이지 결코 입증할 수는 없다."(T 91~92) 그러므로 우리는 경험을 넘어선 사건들에 관한 그 어떤 신념에 대해서도 정당성을 가지지 못한다. 다시 말해서 귀납에 관한 흄의 결론은 이렇다. 어떠한 논증도 귀납이 의존하는 일양성 원리를 정당화할 수 없기 때문에, 어떠한 논증도 귀납추론을 정당화할 수 없다는 것이다.

## 4. 인간 본성

인과추론이 이성에 기초한다는 견해를 부정한 뒤, 흄은 그것은 상상력에 기초한다고 결론짓는다. 그에 따르면, "마음이 한 대상의 관념이나 인상에서 다른 것의 관념이나 신념에로 이전할 때, 이것은 이성에 의해 결정되지 않으며 오히려 그 대상들의 관념들을 함께 결합하고, 이것들을 상상력 안에서 통합하는 어떤 원리들에 의해 결정된다".(T 92) 인과적 신념의 진정한 근원은 '상상력' 혹은 마음의 '어떤 자연적 · 본능적 경향성'이라는 말이다.

이제 흄은 우리가 구체적으로 어떠한 과정을 거쳐 그러한 신념에 도달하게 되는지에 관한 심리학적 설명을 제공한다. 그 과정은 이렇게 요약된다, 특정 상황이 주어지면(즉 불변적 연접과 현재의 생생한 인상이 주어지면), (1) 마음은 새로운 지각으로 이전하며, (2) 이 새로운 지각은 생생함을 얻는다.

먼저, 마음의 전이를 설명하기 위해, 흄은 관념 연합의 원리들(유사성, 근접성, 인과성)을 응용한다. 이 원리들에 따라, "모든 대상의 관념 또는 인상은 자연적으로 이와 유사하고, 근접되어 있고, 연결되어 있는 다른 대상의 관념을 이끈다".(T 92) 우리는 두 종류의 사물들 사이에 항시적 동반을 관찰하고, 그중 하나를 접할 때, 우리의 마음에는 이것에 늘 따라다니던 다른 하나가 자연스럽게 떠오른다. 두 번째로, 이러한 관념 연합의 원리에 덧붙여서, 흄은 또 다른 중요한 원리를 제시하는데, 이것은 '생생함의 전이 원리' 라고 불릴 수 있다. 우리는 인과적 쌍 가운데 하나의 인상을 접할 때, 그냥 다른 하나의 관념을 가지지는 않는다. 우리는 실제로 그것의 진정한 발생을 믿게 된다. 어떻게 이러한 현실적 신념이 생겨나는지를 설명하기 위해 흄이 제공하는 것이 바로 두 번째 원리이며, 이것에 대해 흄은 이렇게 설명한다. "나는 다음을 인간 본성의 학學에서 하나의 일반적 원칙으로 기꺼이 확립하고자 한다. 즉 그 어떤 인상이든 그것이 우리에게 현존하게 될 때, 그것은 그것에 관련된 관념들로 마음을 이동시킬 뿐만 아니라, 또한 그것의 세기와 생생함을 그 관념들과 공유한다."(T 98)

결론적으로, 흄은 현재 경험을 넘어선 어떤 것에 대한 신념을 모두 인과추론으로 본다. 그리고 궁극적으로 인과추론을 상상력 안에서의 '습관적인 전이' 의 과정으로 본다. 이성의 사유에 의한 추론으로 보기보다는 말이다. 앞서 언급된 두 개의 원리들이 그러한 습관적 전이를 설명하는 세부사항들이다. 이러한 사고의 흐름을 따라, 흄의 인과적이고 심리학적인 설명은 그 마지막 종착지, 즉 인간 마음의 '자연적 성향 또는 경향' 이라는 개념에 도달한다. 이것이야말로 흄이 자신의 인간학을 통해 최종적으로 찾아낸, 인간의 신념을 설명하는 궁극적 원리이거나 근거이다. 인과추리 혹은 귀납은 특정한 조건이 주어질 때의 인간 마음의 특정한 자연적 혹은 본능적 반응의 산물이다. 그것은 마음의 지적 부분의 작용이 아니다. 앞서 살펴보았듯이 그것은 이성에 뿌리박고 있지 않기 때문이다. 달리 말하자면 그러한 추론은 합리적 논증에 의해 정당화되는 어떤 것이 아니다. 오히려 그것은 인간 본능의 적나라한 사실일 뿐이다. 이것을 우리는 오직 상상력이라는 말로 기술할 수 있을 뿐이다. 흄의 인과추론에 대한 자연주의적 탐구는 이 지점에서 인간 본성에 관한 사실의 기술로 끝난다.

# 5 물리적 대상

## 1. 문제의 배경

흄은 《논고》의 "감각에 관한 회의론"이라는 절(1권 4부 2절)에서 근본 신념들 가운데 하나로서 물리적 대상에 대한 우리의 신념을 다룬다. 이 절은 흄의 '인간학'을 구성하는 주요 요소들 가운데 하나이다. 근본 신념들의 근거 혹은 기원에 관한 검토는 그의 인간학의 주요 몸체를 구성하는 요소이며, 현재의 주제는 바로 그러한 근본 신념들 가운데 대표적인 것이기 때문이다. 우리는 물리적 대상의 존재를 당연하게 믿고 있다. 즉 우리는 의자, 집, 나무 및 산이 존재한다고 당연히 믿는다. 이러한 신념의 본성을 이해하는 것이 이 절에서의 흄의 과제이다.

흄은 문제를 이렇게 설정한다. "우리는 '어떤 원인들이 우리로 하여금 물체의 존재를 믿게 하는가' 하고 물을 수 있다. 반면에 '물체가 과연 존재하는가 하지 않는가' 하고 묻는 것은 헛되다. 이것이야말로 우리가 모든 추론에서 당연히 받아들여야만 하는 요점인 것이다."(T 187) 흄은 물체가 존재한다는 신념을 '인간학'이 설명해야 할 하나의 자연스런 현상으로 보고, 어떻게 사람들이 그러한 신념을 갖게 되는지 묻는다. 이렇게 보면 흄은 이 절을 통해서 그러한 신념의 근원에 관한 자연주의적, 심리학적, 인과적 설명을 제공하리라는 것이 예상된다.

여기서 주목할 만한 것은 흄의 주요 관심이 물질 대상 자체의 본성이나 진정한 존재에 관한 물음에 있지 않다는 것이다. 왜냐하면 그는 우리가 이미 우리의 일상생활에서 그러한 존재를 굳게 믿고 있다고 생각하기 때문이다. 그의 주요 관심은 도덕적 주제들, 즉 외적 자연보다는 인간 현상에 있다. 이것이 앞의 인용문에서 흄이 실재 존재에 관해 묻는 것은 전혀 소득이 없다고 말하는 이유이다. 그러므로 이 주제에 관한 흄의 탐구를 살펴보면서 우리가 잊지 말아야 할 것은 물체가 아니라, 인간이 그의 일차적 관심이라는 점이다.

이러한 흄의 물음은, 물질-대상 단어들과 물질-대상 문장들의 의미와 이것들의 사용 규칙에 관한 물음으로 해석될 수 있다. 그렇다면 흄이 묻고 있는 것은, 감각인상들이 어떤 특성을 보일 때 우리는 물질-대상 명제들을 주장하는가 하는 것이다. 이에 대한 흄의 대답은 우리는 오직 우리의 감각인상들이 항상 성과 정합성을 보일 때에만 물질-대상 명제들을 주장한다는 것을 보임으로써 이루어진다. 이러한 물음과 답은 대체로 현상 주의 프로그램의 그것과 일치한다. 그러나 비록 흄에 관한 이 런 해석이 그를 현대 철학에 근접시키는 장점을 가지고 있기는 하지만, 이것이 참으로 그의 주요 테마라면 《논고》 4부의 대부 분의 절들, 즉 회의주의와 자연주의에 관한 흄의 논의를 담고 있는 절들은 사소한 것으로 무시되어야 할 것이다.

흄은 물리적 대상 신념을 상세히 다루기 위해 그것을 좀 더 구체적으로 특징짓는다. 그는 그 신념을 "물체에 관한 지속 판 명한 존재"(T 188)에 관한 신념으로 특징짓는다. 여기서 "판명 한 존재"는 물리적 대상의 "외적 정위定位" 또는 "이들 존재와 작용의 독립성"을 의미한다. 우리는 사물들이 지각되지 않을 때에도 지속해서 존재한다고, 그리고 사물들은 누가 그것들을 지각하든 안 하든 이와 상관없이 그들 자체로 독립적으로 존재 한다고 믿는다. 그러나 흄에 있어, 이런 신념은 문제가 많다. 왜냐하면 우리의 감각경험은 실제로는 늘 단편적이고 중단되 어 있기 때문이다. 우리는 끊임없이 눈을 깜박이고, 잠을 자기 도 하고, 하나의 사물에서 눈을 돌려 다른 사물을 보기도 한다.

그럴 때마다 한 대상에 대한 우리의 감각경험은 사라진다. 그럼에도 불구하고 보통의 사람들은 물체의 지속성과 독립성에 관한 관념을 가지고 있다. 즉 지속의 중단에도 불구하고 그들은 우리의 감각인상들이 어쨌든 우리에게 지속적으로 존재하는, 그러면서 우리의 감각기관과 독립해서 존재하는, 물체들의 세계를 드러내준다고 믿는다. 흄의 과제는 어떻게 이런 일이 생기는지를 설명하는 것이며, 그 과정에서 흄은 이러한 신념의 정당화적 근거에 관한 물음에 개입하게 된다.


## 2. 감각, 이성, 상상력

논의를 시작하면서 흄은 여느 때처럼 물체에 대한 신념의 가능한 근거로서 우리의 세 가지 지적 기능들을 내세운다. 그리하여 "지속적 혹은 판명한 존재의 견해를 낳는 것은 감각인가, 이성인가, 아니면 상상력인가?"(T 188) 하고 묻는다.

먼저 흄은 그 신념이 오로지 감각에서만 유래한다고 볼 가능성을 부정한다. 물리적 대상의 지속성에 대한 관념에 관하여, 흄은 감각이 이 관념을 전해주었다고 말하는 것은 어리석다고 생각한다. 왜냐하면 우리가 물리적 대상이 지속적으로 존재한다고 말할 때, 우리가 의미하는 바는 그것들은 우리가 그것들을 지각하지 않을 때조차도 지속해서 존재한다는 것이기 때문이다. 흄은 이렇게 쓰고 있다. "이런 기능은 그 대상들이 더 이상 감각에 나타나 있지 않을 때에 그것들의 지속 존재에 관한 개념을 일으킬 수 없음은 명백하다. 왜냐하면 그것은 용어상 모순이기 때문이다. 감각들이 모든 작용을 멈춘 후에도 그것들이 계속해서 작용한다고 가정해보라."(T 188) 이렇게 볼 때, '지속성'은 감각이 지각하기를 멈춘 후에도 계속 활동하는 것을 의미하는 것이 되며, 이러한 지속성의 관념을 감각이 제공하는 것은 논리적으로 불가능하다는 것이다. 그러나 필자가 보기에 이것은 논리적으로 불가능하다기보다는 실천적으로 불가능하다고 보는 것이 맞다. 왜냐하면 특정 사물을 중단 없이 계속해서 지각하는 것은 현실적으로, 실천적으로 불가능하기 때문이다. 예를 들어 우리의 지각은 단순히 눈을 잠깐 감는 것만으로도 중단된다.

다음으로 그는 독립성의 관념이 감각으로부터 나올 수 있는 가능성을 부정한다. "우리의 감각은 그것의 인상들을 판명한, 또는 독립된, 그리고 외적인 어떤 것의 이미지들로 제공하지 못한다는 것은 명백하다. 왜냐하면 그것은 우리에게 단일한 지각 말고는 아무것도 전해주지 못하며, 우리에게 그 너머의 어떤 것에 근접한 것조차 결코 주지 못한다. 하나의 단일한 지각은 이성이나 상상력의 어떤 추론에 의해서가 아니고는 결코 이

중 존재의 관념을 낳을 수 없다."(T 189) 여기서 흄의 논증은 외부 세계에 대한 우리의 지식에 관한 극단적 경험론에 기초한다. 흄의 기본 전제는 우리가 아는 전부는 우리의 지각에 관한 것뿐이라는 것이다. 흄은 이렇게 말한다. "우리는 정말로 우리 자신 너머로 한 발짝도 나아갈 수 없으며, 그 좁은 한계 안에서 나타나는 지각들 말고는 그 어떤 종류의 존재도 생각할 수 없다."(T 67~68) 그리고 "모든 지각은 그 존재의 방식에 있어서 동일하다".(T 193) 즉 그것들은 모두 내적이고 마음에 기댄다는 점에서 "동일한 발판 위에 있다."(T 190)는 것이다. 이런 이유 때문에 감각들은 표상된 세계와 실제 세계 사이를 구별할 수 없다. 다시 말하면 그것들은 우리에게 이중 존재의 관념을 줄 수 없다는 것이다.

둘째로, 흄은 이성 역시 —일상적으로든 철학적으로든— 우리에게 물체의 지속성과 독립성의 관념을 제공하지 못한다는 것을 밝힌다. 흄에 따르면 "일상인은 지각과 대상을 혼동하며, 그리하여 그들이 느끼고 보는 것들에다 판명하고 지속적인 존재를 부여한다".(T 193) 이러한 소박한 실재론적 관점에서는 대상을 지각과 구분하는 것이 불가능하기에 지속 판명한 존재의 관념은 "그것이 전적으로 비이성적이기에, 오성 말고 다른 어떤 기능으로부터 나옴에 틀림없다."(T 193)고 흄은 결론짓는다. 다른 한편으로 철학자들은, 즉 로크와 같은 대표적인 실재론자들은 이성에 의해 그러한 관념을 얻을 수 있다고 주장한다. 이들은 무엇보다도 대상을 지각과 구별하며, 마음에 나타나는 모든 것은 중단된 지각, 마음에 기대는 지각에 지나지 않는다고 주장한다. 그리하여 그들은 우리의 마음에 지각을 일으키는 원인으로서의 대상의 관념을 확립한다. 그러나 흄은 이런 견해를 타당한 근거가 없는 것이라고 공격한다. 흄에 따르면, "우리가 지각과 대상을 동일한 것으로 생각하는 한, 우리는 결코 하나의 존재로부터 다른 하나의 존재를 추론할 수 없으며, 또한 원인과 결과의 관계에 기초해 아무런 논증도 형성할 수 없다".(T 193) 지각들만이 마음에 나타나기 때문에 우리는 결코 대상과 지각 사이의 인과관계를 발견할 수 없으며, 우리는 합리적 추론에 의해서 대상의 지속 판명한 존재에 대한 신념에 도달할 수 없다는 것이다.

마지막으로, 흄은 "그러한 견해는 전적으로—이제 우리 탐구의 주제가 되어야 하는—상상력에 기인함에 틀림없다."(T 193)는 결론에 도달한다. 이런 점에서 우리 마음의 적극적 작용이 물체 존재에 관한 신념을 설명하는 데에 있어 본질적인 것이 된다.

그러나 그는 상상력만으로는 그러한 신념을 낳을 수 없다고 생각한다. 오히려 상상력은 우리의 인상들이 보여주는 어떤 성질들과 더불어서만 그렇게 할 수 있다. 이런 이유에서, 흄은

"지속 판명한 존재라는 관념은 대상적 성질들 중 어떤 것과 상상력의 성질들과의 상호작용에서 발생함에 틀림없다."(T 194)고 말한다. 흄은 계속해서 이것을 더 자세히 설명한다.

물리적 대상에 대한 신념의 근원으로서 상상력을 면밀히 검토하기 위해, 흄은 먼저 우리 경험들 안의 어떤 성질들에 주목한다. 왜냐하면 그 신념은 분명 감각에 어떤 기반을 가지고 있기 때문이다. 비록 감각경험은 우리가 그 신념을 가지는 것의 충분조건은 아닐지라도 필요조건이기는 하다. 왜냐하면 우리의 신념은, 흄이 그렇게 부르듯이 "항상성과 정합성"이라는 어떤 감각적 속성들 없이는 불가능하기 때문이다.

흄이 우리의 감각기관과 이것에 의해 획득된 개별적 감각경험들에 관한 검토에서 눈을 돌려 일련의 경험들을 살폈을 때, 그는 우리 인상들이 보이는 항상성과 정합성의 성질들이 물리적 대상들에 대한 신념에 매우 중요한 역할을 한다는 것을 발견한다.

항상성에 관하여, 흄은 우리의 경험 안에 어떤 통일성, 즉 반복 발생에 있어서 통일성이 있음을 관찰한다. 그는 이것을 다음의 예를 통해 설명한다. "지금, 내 눈앞에 보이는 저 산들과 말들, 그리고 나무들은 항상 같은 순서로 내게 나타난다. 눈을 감거나 고개를 돌림으로써 그것들이 내 시야에서 사라졌을지라도, 나는 곧이어 그것들이 조금의 변화도 없이 내 앞에 다시 나타나는 것을 발견한다."(T 194) 당신이 시간적 간격을 두고 집들을 다시 관찰할 때, 당신은 대개는 그것들이 이전의 것들과 동일한 감각적 성질들과 관계를 지니고 있음을 발견한다. 결국, 항상성은 시간적 간격을 가운데 둔 일련의 인상들의 구성원들 사이에 보이는 불변적 성질이거나 관계이다.

흄은 정합성의 원리를 설명하기 위해 다른 예를 제시한다. "한 시간 동안 자리를 비운 다음, 내 방으로 되돌아왔을 때, 나는 화롯불이 내가 떠났을 때와 같은 상태로 남아 있지 않는 것을 발견한다. 그러나 나는 다른 경우들에서 내가 자리에 있든 없든, 가까이 있든 멀리 있든 간에 같은 시간에 일어나는 같은 변화를 보는 것에 익숙해 있다."(T 195) 이 예에서 볼 수 있듯이, 정합성은 일련의 인상들의 구성원들 사이에 보이는—비록 이것들이 대개는 그 안에 몇몇의 시간적 공백과 중단을 가지고 있을지라도—변화에 있어서의 규칙성으로 정의될 수 있다.

물리적 대상에 대한 중요한 사실은, 비록 그것들이 실제로는 공백과 중단 투성이일지라도, 그것들은 그것들 사이에 항상성과 정합성을 보이고 있다는 것이다. 그리고 이러한 성질들이 주어질 때, 상상력은 이러한 성질들에 작용하여 우리를 물리적 대상의 지속 판명한 존재에 대한 신념에로 인도한다.

## 3. 상상력의 작용

물체가 지속적이고 판명하게 존재한다는 신념이 두 개의 성질들에 의존함을 살펴본 후, 흄은 "이 성질들이 어떤 방식을 좇아 그렇게도 희한한 견해를 일으키는지"(T 195)에 대해 자세하게 설명한다. 이런 점에서 이러한 설명은 결국 어떻게 상상력이 두 개의 지각적 성질들에 작용하여 우리에게 외부 세계에 대한 견해를 일으키는지에 대한 설명이다.

그가 일찍이 두 가지 성질들을 소개할 때의 순서와는 달리, 흄은 이번에는 정합성을 먼저 설명한다. 그러나 필자는 최초의 순서에 따라 항상성부터 시작하겠다. 왜냐하면 흄 자신이 항상성을 더 중요하게 여겨 더 많은 지면을 할애하기 때문이다.

우리는 상상력의 작용에서 두 개의 잇따르는 단계를 구분할 수 있다. 처음 것은 일종의 실수 혹은 착각의 단계이며, 두 번째 것은 상상력이 이를 교정하기 위한 가정과 보충의 단계이다. 첫 단계에서 근본적인 작용은 두 개의 서로 다른, 그러나 유사한 감각인상들을 동일시하는 것이다. 감각인상들은 사실상 서로 다르며, 그것들 사이에 시간의 틈새가 있다. 그러나 이 것들은 서로 매우 유사하기에 우리는 이것들을 동일한 것으로 간주한다. 그러나 사실은 이 단계에서 마음이 하는 일은 단지 유사성과 동일성을 혼동하는 것에 지나지 않는다. 그러므로 흄은 이렇게 지적한다. "이들의 나타남이 보여주는 중단된 형태는 우리로 하여금 그것들이 매우 유사하기는 하지만, 여전히 어떤 중단 후에 나타나는 구별되는 존재들로 생각하게 만든다."(T 205) 이러한 모순적인 현상은 우리를 불편하게, 당혹하게 만든다. 이러한 정신적 혼란을 피하기 위해 상상력은 다음의 단계로 진행한다.

두 번째 단계에서 "이러한 모순에서 일어나는 당혹은 지속 존재라는 허구를 통하여 이러한 중단된 현상들을 통일시키려는 경향성을 낳는다".(T 205) 다시 말해서 우리의 마음은 중단된 지각들 사이에, 틈새를 메워주고, 두 개의 중단된 지각들을 연결해주는, 다른 경험되지 않은 지각들이 있다고 가정한다. 나아가서 이러한 가정은 기억에 의해 강화되어 마음은 물체의 지속 존재를—다만 가정할 뿐만 아니라—믿게 된다. 다시 말해서 "그것(기억)이 그 허구에 생생함을 부여한다. 달리 말하면, 우리로 하여금 물체의 지속 존재를 믿게 만든다".(T 209)

어떤 인상들이 보이는 정합성은 보충적인 역할을 한다. 즉 우리가 일단 항상성과 상상력을 통해 대상의 불변적 존재의 관념을 얻게 되면, 정합성은 "우리에게 대상들 사이에서 보이는…… 훨씬 더 큰 규칙성의 개념을 준다".(T 198) 여기서 상상력 쪽에서 정합성에 작용하여 지속 판명한 존재를 가정하는 과정은 항상성의 경우와 동일한 방식으로 설명된다.

그러나 정합성과 이에 대한 상상력의 작용에 관한 흄의 설명
에는 사태에 빛을 밝혀주는 부분이 있다. 흄은 상상력의 작용
에 다음과 같은 보충 설명을 덧붙인다. "상상력은, 일련의 사
고에 들어서면 비록 그 대상이 사라지더라도 계속 진행하는 경
향이 있으며, 노에 의해 추진된 겔리 선처럼 더 이상의 추진력
없이도 그 항해를 진행한다."(T 198) 이 인용문에서 보면 흄은
인간 본성에 속한 어떤 독특한 성향이나 습성을 가정하는 듯이
보인다. 우리는 이것을 '상상력의 관성'이라 불러도 좋을 것이
다. 즉 그것은 실제로 관찰된 것을 넘어서 규칙성을 확장시키
는 성향인 것이다. 그러므로 상상력이 정합성에서 작용하는 방
식은 유비추리의 형태를, 그렇기에 귀납의 형태를 띤다고 말할
수 있다. 결국 흄이 여기서 제안하는 견해는 인간 본성에는 귀
납의 경향성이 있다는 것이며, 나아가서 이러한 귀납적 일반화
를 유지하고 가능한 한 확장시키려는 경향성이 있다는 것이다.

이러한 설명은 일상적 신념체계에 대해서는 공정하지 못하
다는 반론이 있을 수 있다. 흄은 "나는 여기서 물체의 존재에
관한 세인의 견해와 신념을 설명하고 있으며, 그렇기에 전적
으로 나 자신을 이들의 사고 및 표현 방식에 맞추어야 한다."
(T 202)고 말한다. 그러나 그는 실제로는 "모든 인상은 내적이
고 소멸하는 존재들이다."(T 194)라는 철학적 견해를 포함하는
그 자신의 전제들 위에서 일상적 체계를 설명하고 있다. 즉 흄

은 부당하게도 외적 물체에 관한 일상적 견해를 우리가 지각하는 것의 지속 판명한 존재에 대한 신념으로 묘사한다. 그러나 사실상 일반 사람들은 지각과 대상을 구분하지 않으며, 단순히 그들은 나무, 돌 등을 보고 느낀다고 생각할 뿐이다. 그렇다면, 흄은 일반인들의 견해에 지각에 관한 대표론적 견해를 적용시킴으로써 일상적 견해를 일관되지 못한 것으로 만든 셈이 된다.


## 4. 물리적 대상에 대한 철학적 견해

앞서 보았듯이, 일반 사람들은 마음에 나타나는 인상들을 실재의 대상들로 여기고 이것들에다 완전한 동일성을 부여한다. 그러나 흄은 즉시 이러한 일상적 체계의 취약성을 다음과 같이 지적한다. "아주 조금의 반성과 철학으로도 이러한 견해의 오류를 알아챌 수 있다."(T 210) 예를 들어 우리의 지각들은 우리의 감각기관에 의존한다는 사실을 보라. "우리가 손가락으로 한쪽 눈을 누를 때, 우리는 즉시 모든 대상들이 둘로 보이며, 그 대상들의 절반은 일상적인 자연적 위치에서 이동해 있음을 관찰한다." 그리고 "거리에 따라 물체의 외형이 커지고 작아짐을 통하여, 그들 모양의 가시적 변화에 의해서, 아프거나 화가

남으로 인해 대상들의 색깔 및 다른 성질들이 변화하는 것에 의해서" 확인되는 바, "우리의 모든 지각은 우리의 감각기관에 의존하며, 신경조직과 동물적 정신의 성향에 의존한다".(T 211)

철학적 체계는 이러한 일상적 체계를 보완한다. 흄에 따르면, "상상력은 우리의 유사한 지각들이 '지속적이고 중단되지 않은 존재'를 지니며, 그것들이 지각되지 않을 때에도 사멸하지 않는다고 우리에게 말해준다. 반성은 우리의 유사한 지각들이 그 존재에 있어서 중단되어 있으며, 서로 구별된다는 사실을 우리에게 말해준다. 우리는 새로운 허구를 통하여 이러한 견해들 사이의 대립을 피한다. 이러한 새로운 허구는 대립되는 성질들을 서로 다른 존재들에 부여함으로써, 즉 지각들에게는 중단을 대상에게는 지속성을 부여함으로써 반성의 가설과 환상의 가설에 일치된다".(T 215)

일상적 체계의 어려움을 해결하기 위해, 철학적 체계는 지각과 대상을 구별하고 중단의 현상은 지각들 탓으로 돌리고, 지속 판명한 존재는 대상에게 돌린다. 이를 위해 철학적 체계는 중단의 현상에 책임이 있는 "지각하는 마음"과 지각들의 동일성의 토대를 제공하는 "지속적 물체"를 가정한다. 이러한 철학적 체계는 반성을 통해 이성에 의해 구축된다. 흄은 이러한 체계를 "임시변통적 구제책"일 뿐이라고 보며, "그것은, 그 자신 특유의 난점들과 함께 세속적 체계가 지닌 모든 난점들을 보유한다."(T 211)고 주장한다.

먼저, 철학적 체계는 일상적 체계와 동일한 기본적 가정을 유지하고 있다. 흄에 따르면, "우리를 대상과 지각이라는 이중적 존재의 견해로 이끌 만한 오성 혹은 환상의 원리는 결코 없으며 우리는 단지 중단된 지각들의 동일성과 지속성에 대한 일상적 가설을 통하지 않고는 그것〔철학적 체계〕에 도달할 수 없다".(T 211) 비록 그런 체계가 우리의 지각은 잠시적이고 사멸하며 감각기관에 의존하다는 반성에 기초할지라도, 이성만으로는 지각들의 원인으로서 대상의 존재를 추론할 수 없다. 여기서 흄은 로크와 같은 대표 실재론자들에 의해 자주 사용되는 '인과적 논증'을 비판하고 있다. 즉 "지각을 제외한 어느 것도 마음에 나타나지 않으므로 우리는 여러 다른 지각들 간의 원인과 결과의 관계 또는 연관은 관찰할 수 있을지라도, 지각들과 대상들 간의 그것은 결코 발견할 수 없다".(T 212) 그러므로 우리는 지식의 존재 혹은 성질들에 기초하여 대상의 존재를 지지하는 어떠한 논증도 세울 수 없다고 흄은 결론짓는다.

이런 이유에서 흄은 철학적 체계는 일상적 체계와 마찬가지로 상상력을 통해서 자신의 영향력을 획득한다고 주장한다. 사실상 철학적 체계가 그럴듯하게 보이는 것은 상상력의 작용 때문이며, 그렇기에 상상력으로부터 자유로울 수 없다. 흄에 따르면, "철학적 체계는 이성에 대해서도 상상력에 대해서도 아무런 우위를 얻지 못한다".(T 213) 결국 철학적 체계가 지니는 그럴듯함은 이것이 극복했다고 주장하는 일상적 체계에 토대를 두고 있는 것이다.

나아가서, 철학적 체계는 대상과 지각이라는 이중 존재를 상정함으로써 추가적인 오류를 범하고 있다. 이 체계는 '대상'의 개념을 도입함으로써 사실상 새로운 집단의 지각들을 창출했다고 흄은 생각한다. "나는 대상을 새로운 종류의 지각이라고 말한다. 왜냐하면 우리가 대상을 지각과 정확하게 동일한 것 이외에 그것들의 본성상 다른 어떤 것이라고 일반적으로 추정할 수는 있으나 이에 대해 판명하게 사유하는 것은 불가능하기 때문이다."(T 218) 대상이라는 새로운 집단의 지각들을 가정하는 것은 단순히 지각들을 두 배로 만드는 것이며, 결국 철학적 체계는 지속성과 독립성을 이러한 이중화된 지각들 중 오직 한 집단에 부여하는 것이 된다. 이것은 동일한 종류의 지각들에 서로 다른 속성을 부여하는 것이기에 명백한 오류이다.


## 5. 회의적 결론


외부 세계의 존재에 관한 일상적 및 철학적 체계 양자를 검토한 후, 흄은 다음과 같은 절망적인 결론에 도달한다.

나는 우리가 마땅히 우리의 감각에 대해 확고한 신뢰를 부여할 수 있으며, 이러한 신뢰가 나의 전체 추론으로부터 얻어지는 결론이 되리라는 기대를 가지고 이 주제를 시작했다. 그러나 솔직히 말해서 지금은 그와 정반대의 느낌이 든다. 그리고 나의 감각에 어떠한 신뢰도 부여하고 싶지 않으며 오히려 상상력에 그러한 절대적인 확신을 주고 싶기까지 하다.(T 217)

일상적 체계에서 물리적 대상의 지속 판명한 존재에 대한 신념은 감각인상들이 보이는 항상성과 정합성에 기인한다. 그러나 이런 일련의 인상들은 중단되어 있고 그 안에 여러 틈새를 지니고 있음은 명백하다. 그리고 인상들이 지각되지 않을 때에도 존재하리라는 보장은 없다. 이런 이유에서 그러한 성질들만으로는 지속 판명한 존재의 관념을 낳을 수 없다는 것은 확실하다. 그럼에도 불구하고 일상인들은 여전히 그러한 신념을 유지한다. 이로부터 흄은 이러한 신념은 상상력의 가정 혹은 허구에 기인한다고 결론짓는다. 이런 맥락에서 흄은 "이러한 지각들이 중단되어 있지 않으며 감각에 나타나 있지 않을 때에도 여전히 존재한다고 하는 견해로 우리를 이끄는 것은 바로 이러한 착각이다."(T 217)라고 말하고 있다.

일상적 체계의 이러한 난점을 해소하기 위해 철학적 체계는 지각을 대상과 구별하여, 지각에는 중단의 현상을 부여하고,

대상에는 지속 판명한 존재를 부여한다. 흄은 이러한 체계 역시 일상적 신념의 강한 경향성에 기초하며, 따라서 그것과 동일한 난점들을 지닐 뿐만 아니라 그것 자체의 어리석음, 즉 새로운 무리의 지각을 창출하여 세계를 두 배로 만듦으로써 "한번 세속적 가정을 부정했다가 다시 확립하는"(T 218) 어리석음을 범하고 있다고 비판한다. 그리하여 흄은 이렇게 묻는다. "이러한 근거 없고 비일상적인 견해들의 혼동으로부터 착각과 오류 이외에 무엇을 발견할 수 있는가? 그리고 어떻게 그러한 신념의 소유를 정당화할 수 있는가?"(T 218)

이렇게 외부 세계의 존재에 대한 신념을 분석한 뒤, 흄은 이것이 착각과 오류가 낳은 혼동에 지나지 않으며, 따라서 우리는 그런 신념에 대한 합리적 근거를 갖고 있지 못하다고 결론 짓는다. 이런 종류의 회의론은 너무도 근본적이고 극단적이기에 결코 극복될 수 없다고 흄은 생각한다. "회의론의 이러한 의심은 결코 완벽하게 치유될 수 없는 질병이다……. 우리의 오성 또는 감각을 옹호하는 그 어떤 체계도 불가능하다. 그리고 우리가 그런 방식으로 그것들을 정당화하려고 노력하면 할수록 우리는 그것들을 더욱더 비판에 노출시킬 뿐이다."(T 218) 나아가서 이러한 회의적 의심은, 우리는 어떠한 깊은 반성에 의해서도 이 난점을 극복하지 못하리라는 최종적 결론을 함의한다. 흄에 따르면, "회의적 의심은 이 주제에 관한 심도 있고 강도 높은 반성으로부터 자연적으로 생기기에, 이것은, 우리가 우리의 반성을—이것에 반대하는 쪽으로든 일치하는 쪽으로든—수행할수록 늘 증가하기 마련이다".(T 218)

이러한 결론은 자연적 신념과 합리적 반성 사이의 근본적인 대립 때문인 듯이 보인다. 사물의 존재에 대한 신념의 근원을 설명하고 있는 흄에 따르면, 이런 신념은 궁극적으로 상상력이 만든 허구의 결과이다. 그리고 상상력이 그렇게 하는 것은 기본적으로 자연적 신념과 합리적 반성 사이에서 생기는 마음의 갈등 때문이다. 흄은 이것을 다음과 같이 설명한다. "따라서 우리의 이성과 감각들 사이에, 더 정확히 말해서 우리가 원인과 결과로부터 형성하는 결론들과 우리로 하여금 물체의 지속 독립 존재를 믿도록 만드는 것들 사이에 직접적이고 전면적인 대립이 있다."(T 231)

앞 절에서 보았듯이, 우리 모두는 우리가 감각을 통해 지각하는 대상들이 지속 판명한 실재의 대상들이라고 자연스럽게 믿는다. 그러나 동시에 우리의 합리적 사고는 우리의 모든 지각들이 우리 안에 존재하며 우리와 떨어져서 존재할 수 없다고 생각하게 만든다. 이에 대하여, 철학자들이 창안한 이원론적 해결은 아무런 도움이 못 된다. 왜냐하면 우리가 접할 수 있는 것은 기껏해야 이미지들이며, 따라서 추론은 그러한 이원론적 견해를 지지하는 어떠한 증거도 제공하지 못하기 때문이다.

따라서 이러한 갈등은 결코 해소될 수 없다. 이것이 바로 외부 세계에 대한 흄의 회의론의 핵심이라고 할 수 있다. 즉 우리의 본능적인 실재론적 신념은 이 주제에 관한 우리의 합리적 견해와 상충되지만, 이 난제를 극복하기 위한 어떠한 합리적 해결도 주어질 수 없다. 우리는 본능적 신념과 이성 사이에서 해결 불가능한 대립 상태에 놓여 있는 것이다.

비록 흄은 자신이 도달한 극단적 회의론을, 반박을 허용하지 않는 철학적 반성의 최종적 결과로 인정할지라도, 그의 이러한 피론주의적 회의론은 결코 물체의 존재에 관한 우리의 신념을 부정하는 쪽으로 나아가지 않는다. 또는 피론주의가 주장하듯이, 그러한 신념에 대해 판단 유보를 주장하지 않는다. 이런 점에서 우리는 흄이 우리의 근본 신념들을 다룰 때 어떤 일반적인 특징을 본다. 즉 흄은 자신의 자연주의를 가지고 자신의 회의론을 완화한다.

흄은, 비록 그러한 회의론이 이성에 의해 반박될 수 없을지라도, 그럼에도 불구하고 우리의 실제 생활에서 회의론은 믿기지 않는다는 점을 지적함으로써 회의론에 대한 제약을 가한다. 흄에 따르면, "이러한 전면적 회의론의 트집을 반박하려고 힘들인 사람은 실제로는 맞상대도 없이 논쟁해온 것이나 다름없으며, 자연이 사전에 마음에 심어놓은 그리고 이미 피할 수 없게 만들어놓은 어떤 직능을 논증을 통해 확립하고자 애쓴 셈이다".(T 183) 즉 그러한 회의론은 우리 신념에 관한 인식론적 분석의 유일한 결과일지라도, 우리의 일상생활에서 실제로 유지될 수는 없다는 것이다. 왜 회의론이 이렇듯 불가능한지에 대해 그 이유를 제시하고 있는 것이 바로 흄의 자연주의이다. 이 절의 시작에서 흄은 이미 그 이유를 분명히 밝히고 있다. 즉 "그[회의론자]는 물체 존재에 관한 원리를 승인해야만 한다.그가 비록 그 어떤 철학적 논증을 통해 이것의 진리를 제시할 수는 없을지라도."라고 주장한 후에 흄은 그 이유에 대해 이렇게 말한다. "자연은 이것을 그의 선택에 맡겨놓지 않았으며, 이것을 의심할 바 없이 너무도 중대한 일로 간주하여, 우리의 불확실한 추론과 사유에 맡겨놓지 않았다."(T 187) 다시 말해서 극단적 회의론은 이것의 반박 불가능성에도 불구하고 스스로를 확신시키지 못한다. 왜냐하면 "자연은 때가 되면 모든 회의적 논증의 힘을 파괴하고, 이 논증이 오성에 심각한 영향을 미치지 못하도록 막는다".(T 187) 이러한 요점을 지적하면서, 그는 최종적으로 일상적 자연적 신념 쪽을 선택하는 것을 끝으로, 다음과 같이 현재의 논의를 마친다. "부주의와 무관심만이 우리를 구제할 수 있다. 이런 이유로 나는 이것들에 전적으로 의존한다. 그리고 이 순간에 독자의 견해가 무엇이든 간에, 한 시간 뒤에 그는 외적인 그리고 내적인 세계 양자의 존재를 인정하게 될 것이며, 나는 이것을 당연한 일이라 생각한다." (T 218)

이 지점에서, 우리는 흄 자연주의의 주요 논제를 볼 수 있다. 피론주의의 관점은 철학적 분석의 논리적 결과이며, 따라서 반박될 수 없는 반면에, 인간 본성에는 그것의 수용을 막게 해주는 어떤 것이 있다는 것이 그것이다. 이런 점에서 우리가 근본 신념들을 믿는 데에는 회피 불가능성이 있다는 일반적 사실이 드러난다. "'물체가 존재하는가 안 하는가' 하고 묻는 것은 헛되다. 이것은 우리가 모든 추론에서 당연시해야만 하는 요점이기 때문이다."(T 187)라고 흄이 처음에 말한 것은 바로 이런 맥락에서 이해될 수 있다.

# 6 자아

## 1. 문제의 배경

흄은 《논고》의 "인격 동일성"(1권 4부 6절)이라는 절에서 중요한 근본 신념들 가운데 하나로서 자아에 대한 신념을 다룬다. 일반적으로 우리는 자아가 일생을 통하여 하나의 동일한 것으로 지속해서 존재한다고 믿는다. 이러한 신념은 앞서 살펴본 인과적 신념, 즉 원인과 결과 사이의 항상적 연관과 이 둘 중 하나에 대한 현재 경험이 주어질 때 결과(또는 원인)의 미래(또는 과거) 발생을 믿는 신념이나, 물리적 대상의 지속적·독립적 존재를 믿는 신념과 같은 종류의 근본 신념에 해당한다. 또한 흄은 이 신념을 논의하면서 다른 두 종류의 신념의 경우와 마찬가지로 그것의 진정한 근원 혹은 근거를 검토하는데, 이런 일은 물론 그의 '인간학'의 중심 과제에 속한다. 이런 논의 과정에서 그는 먼저 그 신념의 합리적 근거에 대해 검토하고는 회의적 결론에 도달한다. 다시 말해서 인과적 발생 및 물리적 대상에 대한 신념이 합리적 또는 경험적 근거를 결여하고 있는 것과 마찬가지로, 판명하고 지속적인 자아에 대한 신념도 합리적 또는 관찰적 보증이 없다는 것이다. 그 다음에 이 신념 역시 다른 두 신념과 마찬가지로 우리의 자연적 성향에 근거하고 있음을 밝힌다. 이러한 사실의 발견에 이어, 흄은 마지막으로 '우리가 어떻게 그러한 신념을 갖게 되는지'에 관한 심리학적 설명을 제공한다.


## 2. 마음과 지각

물리적 대상 및 인과추리에 대한 신념을 다룰 때와 마찬가지로, 흄은 자아 신념에 대해서 실제로 지속하는 마음이 있는지 없는지 그리고 우리가 그런 것을 믿고 있는지 그렇지 않은지에 대해 묻지 않는다. 이 신념은, 그 진리나 적실성이 의심스러움에도 불구하고, 흄에 의해 당연한 것으로 받아들여진다. 그가 문제 삼는 것은 '무엇이 그러한 신념의 본성 혹은 진정한 근거인가' 하는 것이다. 이에 대한 탐구의 과정에서 흄은 또다시 이런 신념은 합리적 근거를 가지지 못한다고 하는 피론주의적 회의론에 개입하게 된다.

논의의 시작을 위해, 흄은 경험론적 형태를 띤 형이상학적 논제, 즉 영혼 혹은 자아가 실체로서 존재한다는 논제를 검토하는데, 이것은 "영혼의 불멸성에 관하여"(《논고》 1권 4부 5절)에서 이미 거부한 바 있다. 흄이 첫 번째 과녁으로 삼은 것은 우리는 저마다 소위 자아라는 것을 우리 자신의 경험을 통해 직접 안다는 논제이다. 흄의 관찰에 따르면 "우리가 자아라고 부르는 것을 매순간 가까이서 의식하면서 그 존재와 존재의 지속성을 느낀다고 생각하는, 그리고 그것의 동일성과 단일성에 대해 증명의 명증성을 넘어서까지 확신하는 몇몇 철학자들이 있다".(T 251) 만일 이러한 주장이 맞다면, 자아에 대한 우리의 신념은 감각에서 직접 나오는 것이 될 터이며, 달리 말하면 감각에 근거를 두고 있는 것이 될 터이다. 그러나 흄은 이러한 가능성을 부정한다. 그러면서 그는 여느 때처럼 이러한 관념의 근원이 되는 인상이 무엇인지를 묻는다. 나아가서 다음과 같이 논증한다. 자아의 관념은 우리의 인상에 준거하는 것으로, "만일 어떤 인상이 자아의 관념을 일으킨다면, 그 인상은 우리 삶의 전 과정을 통해 불변적으로 동일한 것으로 지속되어야 할 것이다. 왜냐하면 자아란 그런 식으로 존재한다고 상정되기 때문이다. 그런데 그런 항상적이고 불변하는 인상이란 없다". "그런 관념은 없다."(T 251)는 것이 흄의 결론이다.

이 논증에서 우리는 흄 회의론의 색다른 성격을 볼 수 있다. 즉 흄 회의론은 일반적으로 우리의 신념이나 지식의 합리적 근거에 반대하는 논증을 제기하는, 즉 피론주의 혹은 인식론적 회의주의의 경향을 띠는 반면에, 흄은 우리의 신념 또는 관념은 경험적 토대가 없기에 무의미하며, 따라서 불가해하다는 투의 개념적 회의론에 도달하는 듯이 보인다. 따라서 흄은 논리 실증주의의 선구자로 여겨질 수도 있다. 그러나 흄의 《논고》 전체를 고려할 때 앞서 인용한 흄의 마지막 문장은 과장이나 수사적인 표현으로 해석하는 것이 더 합당할 듯싶다. 왜냐하면 다른 주제들을 다룰 때와 마찬가지로, 자아의 신념의 경우에도 우리는 그러한 신념을 일상생활에서 견고히 유지하고 있다는 사실을 분명히 하고 있기 때문이다. 그리고 그는 비록 그 신념들이 아무런 합리적 근거를 가지지 않거나, 심지어 그것들이 거짓이라 해도 우리가 그것을 포기해야 한다고는 결코 말하지 않는다. 더구나 흄의 중심 과제가 신념의 근원에 관한 설명을 제공하는 것임을 고려한다면, 흄이 자아 신념을 무의미한 것으로 간주한다고 보는 것은 다소 지나친 것 같다. 오히려 흄 회의론의 한 가지 중요한 특징은, 일반적으로 자신의 회의론적 결론을 인식론의 영역에 한정시킬 뿐 개념적 영역에까지 확대 적용시키지는 않는다는 점에 있다고 볼 수 있다.

이렇게 보면, 앞에서 본 흄의 논증을 검증주의적 주장으로 보기보다는, 우리 관념의 근원이 우리의 감각에 있을 가능성을 부정하는 것으로 보는 것이 더 적절할 것이다. 흄은 이 논점을 진행시키면서, 이렇게 말한다. "나로서는, 소위 나 자신이라는 것에 가장 근접해 들어갈 때, 나는 늘 더움이나 차가움, 밝음이나 그늘짐, 사랑이나 증오, 고통이나 쾌락 등의 몇몇 개별적 지각들만을 마주치게 된다. 나는 지각 없이는 어느 때에도 결코 나 자신을 파악할 수 없으며, 지각 말고는 결코 아무것도 관찰할 수 없다."(T 252) 다시 말해서 내성을 통해서는 자아 관념의 근원이 되는 아무런 인상도 발견할 수 없다는 것이다. 우리 각자가 자신의 내부를 살펴볼 때, 우리는 다만 생각들, 느낌들, 바람들을 발견할 뿐 우리 자신들을 발견하지는 못한다는 것이다.

이제 흄은 마음에 관한 적극적 이론을 제시한다. 그는 소위 자아라는 것은 "상상할 수 없을 정도로 빠르게 서로 연속하는, 끊임없는 흐름과 운동 상태에 있는, 서로 다른 지각들의 덩어리 혹은 집합에 지나지 않다".(T 252) 이런 논지는 같은 절에서 반복적으로 제시된다. "그것들은 마음을 구성하는 연속하는 지각들에 지나지 않다."(T 253) 또는 "우리가 불변성 및 무중단성을 관찰하지 못했음에도 불구하고 동일성을 부여하는 모든 대상들은 결국 일련의 상관된 〔지각적〕 대상들로 이루어진 그러

한 것들이다".(T 255)

## 3. 인격 동일성과 상상력

우리는 우리 감각을 통해 인격의 동일성을 직접 인식한다는 경험론적 논제를 검토할 때, 흄이 과녁으로 삼고 있는 것은 내성에 의해 알려진다고 하는, 그 안에 서로 다른 여러 독립된 지각들을 포함하는 하나의 단일한 실체였다. 흄에게는 이런 실체의 개념 역시 일종의 지각으로밖에는 보이지 않기에, 흄이 앞의 논증에서 부정하고 있는 것은 사실상 '자아' 라는 하나의 단일한 지각이다. 흄은 자아는 단일한 지각이라기보다는 일련의 혹은 한 무리의 지각들이라고 주장한다. 이런 주장은 그의 관점의 변경에서 결과했다는 사실에 주목하자. 즉 처음 단일한 인상의 경우를 살피다가, 이로부터 눈길을 돌려 기억의 도움을 통해 도달하게 된 일단의 인상들을 바라보게 됨으로써 얻은 결과이다. 이러한 관점의 변경은 인과적 신념의 경우에서도 역시 유용하게 작용했는데, 동일한 조작을 통해서 인과관계의 중요한 특성인 항상적 연관을 관찰한 바 있다. 이와 마찬가지로 일단의 인상들에로 관심을 돌림으로써 그리고 자아를 한 무리의 지각들로 봄으로써, 흄은 마음을 구성하는 지각들의 중요한 특성인 '유사성'과 '인과성'을 발견한다.(T 260) 이 특성들은 인과적 신념의 경우에 필연적 결합의 관념을 설명하는 데에서와 마찬가지로 자아의 신념에서 동일성의 관념을 설명하는 데에서도 커다란 역할을 한다.

이러한 새로운 관점 덕분에, 흄은 사람들이 자아가 동일성을 가진다고 생각할 때, 그들은 사실은 지각에 동일성을 부여하고 있음을 알아차리게 된다. 즉 흄에게 있어, 자아에 대한 우리의 공통된 신념은 결국 일단의 지각들이 동일성을 가진다고 하는 신념이다. 이것은 흄의 지각 이론을 고려하면 일관성은 있으나, 일상적 견해를 제대로 설명하고 있지는 못하다. 왜냐하면 우리가 자아는 동일성을 가진다고 말할 때, 우리는 실제로는 지각보다는 마음에 동일성을 부여하고 있는 것이기 때문이다.

이것에 유념하면서 이 문제에 관한 흄의 주된 물음으로 넘어가보자. 흄은 이렇게 묻는다. "그러면 무엇이 우리에게 그렇게 커다란 경향성을 주어서 이러한 연속적 지각들에 동일성을 부여하게 하고, 우리 자아가 일생의 전 과정을 통해 불변적이고 중단되지 않은 존재를 가진다고 가정하게 만드는가?"(T 253) 이 물음에 답하면서 흄은 먼저 이렇게 지적한다. 즉 우리가 일련의 지각들에 동일성을 부여하는 것을 자세히 살펴볼 때 우리는 그러한 신념의 행위를 합리적인 방식으로 정당화하고 설명하는 데에 실패함을 알게 된다. 그 다음에 그는 이러한 속성을 부여하는 것이 근본적으로 우리의 사고 습관이나 본능에 뿌리 박은 자연적 행태에 속한다는 것을 밝힌다. 인간 본성에 관한 사실은 이성에 의해 정당화되지 못한다. 이런 점을 밝힌 후에 라야 흄은 비로소 현재의 신념의 근원을 설명하는 쪽으로 나아 갈 수 있다.

이러한 속성 부여의 내막을 살피기 위해, 흄은 동일성의 개념을 설명해야만 한다. 그에 따르면, "우리는 시간의 변화를 통해 변함 없이 중단되지 않고 남아 있는 어떤 대상에 대한 판명한 관념을 가지며, 이 관념을 우리는 동일성 혹은 하나같음이라고 부른다".(T 253) 여기서 흄은 동일성을 하나같음 혹은 불변성으로 이해한다. 즉 우리가 대상에 동일성을 부여할 때, 우리는 대상이 변함없이 영속적이라고 생각한다는 것이다.

이러한 동일성의 정의가 주어지면, 자아에 대한 신념은 오류나 실수로 판정된다. 왜냐하면 동일성의 관념과 관련된 대상들의 연속은 "그 자체로 완전히 구별되는, 심지어 상충되는"(T 254) 개념임이 명백하기 때문이다. 그러므로 흄은 지각들에 동일성을 부여하는 것은 상상력에서 비롯된 단순한 "혼동과 실수"나 "어리석음"에 불과하다고 결론짓는다. 즉 우리는 관련된 대상들의 연속을 동일성과 혼동한다. 또는 전자를 후자로 잘못 생각한다. 즉 "우리의 공통된 사고방식 안에서 그것들은 일반

적으로 서로 혼동된다".(T 253)

나아가서, 흄은 이런 신념을 정당화하려는 그 어떤 시도도 실패로 끝난다는 것을 분명히 밝힌다. 흄에 따르면, 영혼 혹은 자아를 실체로 보는 철학적 견해는 바로 그러한 시도의 일종이다. "우리는 우리의 감각 지각의 중단을 제거하기 위하여 그것의 지속 존재를 가장한다. 그리고 불변성으로 위장하기 위해 영혼, 자아 및 실체의 개념에 빠져든다."(T 254) 그는 이것을 단지 일상인의 경우에서와 같은 식의 허구에 지나지 않는다고 본다. 이러한 "불가해한 원리"는 불필요한 것이기도 하다. 왜냐하면 이런 가정 없이도 상상력의 작용은 흄의 실험적 방법에 의해, 즉 "일상의 경험과 관찰로부터"(T 255) 설명될 수 있기 때문이다.

여기서 우리는 자아 신념에 관한 회의론적 논제를 볼 수 있는데, 이는 물리적 대상 신념에 관한 그것과 유사하다. 흄은 자아 신념은 아무런 합리적 근거가 없다고 결론짓는다. 즉 그 신념은 먼저 우리 감각에 근거하지 못한다. 왜냐하면 우리는 '자아'라고 하는 그 어떤 단일한 인상도 관찰할 수 없으며, 또는 그것이 일단의 지각들로 여겨진다면 그 어떤 동일성의 관념도 관찰할 수 없기 때문이다. 그 신념은 이성에 근거하지도 않는다. 왜냐하면 실체로서의 자아를 가정함으로써 그 신념을 정당화하려는 그 어떤 형이상학적 논제도 한낱 "허구"(T 255)에 지나지 않기 때문이다. 그러므로 흄이 취하는 다음 단계는 여느 때처럼 그 신념을 상상력에 근거 지우는 일이다. 그렇게 함으로써 흄은 '인간학'의 또 다른 논제, 즉 자연주의로 옮겨간다.

이렇게 보면 흄은 자아에 대한 우리의 신념을, 상상력의 작용을 거치는 우리의 자연스런 사고방식의 탓으로 돌리는 듯하다. 즉 그것은 상상력에 근거한 우리의 사고 습관에 기인하며, 이것은 그야말로 인간 본성의 사실이라는 것이다. 그러므로 자아에 대한 신념은 자연적 신념의 하나로 이해되어야지, 합리적 고찰의 대상으로 여겨져서는 안 된다. 즉 이 신념은 관찰과 증명에 의해 정당화되거나 반박될 수 있는 어떤 것이 아니라는 것이다. 우리가 합리적 정당화 혹은 합리적 설명의 차원에서 이런 종류의 신념을 고찰할 때, 우리의 노력은 회의론으로 귀착될 것이며, 흄은 이것이 철학적 분석의 최종적 결과라고 믿는다. 왜냐하면 흄이 결론적으로 말하듯이 "인격 동일성에 관한 모든 정교하고 난해한 물음들은 결코 답변될 수 없으며", "우리는 대상들이 어느 경우에 동일성이라 불릴 자격을 얻는지, 또는 어느 경우에 그런 자격을 잃는지에 관한 논쟁을 해결할 아무런 적확한 기준을 가지고 있지 못하기"(T 262) 때문이다.

흄의 논점을 이렇게 이해한다면 흄이 왜 상상력을 느낌이라는 용어로 기술하고 있는지가 더 분명해진다. 흄에 따르면 상상력은 느낌과 거의 같은 의미를 지닌다. 이에 대해 그는 이렇게 쓰고 있다. "상상력의 작용은 ― 이것에 의해 우리는 중단되어 있지 않고 불변적인 대상을 고찰하고, 관련된 대상들의 연속에 관해 반성한다 ― 느낌과 거의 같으며, 느낌의 경우에서보다 상상력의 경우에서 더 많은 사고의 노력이 요구되는 것도 아니다."(T 254) 이렇게 보면 흄은 마치 우리의 근본 신념들을 인식적 차원에라기보다는 오히려 비인식적 차원에 속하는 것으로 이해하는 듯하다.

나아가서 다른 신념들에 관한, 즉 인과적 신념이나 물질 대상 신념에 관한 논의에서와 마찬가지로, 흄은 자아 신념의 '회피 불가능성'을 강조한다. 즉 우리가 자아의 존재를 믿는 것은, 물리적 대상을 믿는 것이나 인과 필연적 결합을 믿는 것과 꼭 마찬가지로, 피할 수 없는 일이라고 흄은 주장한다. "이러한 실수에의 경향성은 위에서 언급한 유사성에 기인하는 것으로 이것은 너무 크기에 우리는 우리가 깨닫기도 전에 그것에 빠져든다. 그리고 비록 우리가 반성을 통해 끊임없이 자신을 교정할지라도, 그리하여 더욱 정확한 사고 방법에로 되돌아올지라도, 우리는 우리의 철학을 오래 유지할 수는 없으며, 또는 상상력의 이러한 치우침을 떠날 수는 없다."(T 254)

## 4. 자아 신념의 근원

인간 본성의 한 부분으로서의 이러한 신념은 설명이 필요하다. 그리고 이 설명은 정당화와는 다를 것이다. 오히려 "일상적 경험과 관찰"(T 255)에 기초한 우리의 사고 행태에 관한 기술일 것이다. 앞서 살펴보았듯이, 흄의 경험론적 관점에 따르면, 자아 혹은 지속적 동일성의 관념은 관련된 지각들의 연속에 지나지 않는다. 그럼에도 불구하고 우리가 그런 관념을 유지하고 있다는 것은 부인할 수 없다. 그러므로 한 가지 물음이 자연스럽게 뒤따른다. 어떻게 우리는 자아 혹은 인격 동일성의 관념에 이르게 되는가? 흄에게 어떤 것의 관념을 가지는 것은 어떤 것에 대해 믿는 것이므로 이 물음은 곧 '우리는 어떻게 자아 혹은 인격 동일성을 믿게 되는가?' 우리는 그렇게 믿는 것이 자연스럽다고 느끼기에 그렇게 믿는다는 것이 흄의 대답이다. 이와 함께 흄은 그 신념을 상상력 혹은 느낌을 가지고 설명한다. 그런데 흄은 더 나아가서 그 신념의 근원에 관한 심리학적 설명을 제공한다.

흄은 앞의 물음에 대해 이렇게 답한다. 즉 우리가 자아 신념을 갖게 되는 것은 두 요소, 즉 우리 경험이 지니는 어떤 특성들과 상상력의 어떤 작용 사이의 상호작용의 결과이다. 즉 자아 신념은 일련의 경험들 혹은 인상들이 어떤 관계가 지니는 특정한 성질을 보일 때, "그 관계는 마음의 전이, 즉 하나의 대상에서 다른 대상으로의 전이를 조장하며, 그 진행을 마치 마음이 하나의 지속적 대상을 바라보는 것처럼 평탄하게 만든다".(T 254) 흄이 주목하는 그러한 관계적 성질들이 바로 '유사성'과 '인과성'이다.

먼저, 흄은 동일성의 관념을 이루는 지각들이 그 연속물의 구성원들 사이에 어떤 관계적 특성들, 특히 유사성과 인과성을 보이고 있음을 관찰한다. 흄은 이렇게 쓰고 있다. "모든 대상들―여기에 우리는 이것들의 불변성과 비중단성을 관찰하지 못하면서 동일성을 부여한다―은 관련된 대상들의 연속으로 이루어진 그러한 것들이다."(T 255) 이 지각들은 "유사성과 근접성, 또는 인과성에 의해 함께 연결되어"(T 255) 있다. 자아 신념의 경우에 흄은 특히 초기의 지각들과 이것들에 관한 나중의 기억들 사이에 유지되는 유사성의 관계를, 그리고 다양한 지각들 사이에 존재하는 인과적 관계를 예로 든다. 이런 관계들의 기능은 우리로 하여금 연속의 실재와 우리 경험의 차이들을 무시하게 하는 데에 있다.

유사성에 관하여, 우리는 기억의 도움으로 대상에 관한 일련의 지각들을 재구성할 수 있다. 그 다음에 우리는 자아를 구성하는 것으로 상정되는 이 연속물의 구성원들 사이의 상호 유사성을 관찰한다. 이 유사성이 상상력으로 하여금 연속의 관념에서 동일성의 관념에로 넘어가게 만든다. 인과성에 관하여, 우리는 마음을 구성하는 지각들이 원인과 결과의 관계에 의하여 한 체계의 일부를 형성하는 것을 관찰한다. 처음에 우리는 기억의 도움으로 연속물의 구성원들 사이에 인과관계를 발견한다. 그런데 우리가 한번 인과관계를 확립하면, 더 이상의 기억의 도움 없이 그 관계를 유지할 수 있으며, 심지어 우리가 과거의 경험을 잊어버렸거나 미래 사건을 경험할 수 없을 경우에도 그 관계를 과거나 미래에로까지 확장할 수 있다.

나아가서 흄은 상상력의 작용을 촉진시키는 몇몇 정황적 조건들을 기술한다. 변화의 규모가 작음, 변화의 점진성, "공통의 목표와 목적"(T 257)이 그 예들이다. 만일 우리가 지각하는 것의 변화가 아주 작고 점진적이면 우리는 그것을 거의 알아채지 못한다. 이 소규모와 점진성은 비례의 문제이다. 행성에 산 하나를 더하는 것으로는 변화를 느끼게 하지 못하지만, 많은 대상들의 경우에는 단지 몇 인치의 변화도 그것의 동일성에 대한 우리의 신념을 무너뜨리기에 충분할 것이다. 심지어 우리가 부분들의 연속에서 커다란 변화를 알아챘어도, 여전히 우리로 하여금 동일성을 부여하게 만드는 길이 있다. 즉 부분들 전부가 "공통의 목표와 목적"으로 연결되어 있다면, 부분들의 연속을 따라가는 마음의 진행이 촉진될 것이다.

요약하자면, 흄에 따르면 일련의 지각들의 구성원들이 유사성과 인과성에 의해 서로 관련될 때, 그리고 몇몇 상황적 조건들이 주어질 때, 우리는 그것들의 동일성에 대한 신념을 갖게 된다는 것이다. 흄에 따르면, "인격 동일성의 개념은 전적으로, 위에서 설명한 원리들에 따라 일련의 연결된 관념들을 좇아가는, 평탄하고 중단되지 않은 사고의 진행에서 생겨난다".(T 260)

그러나 이러한 신념의 기원에 관한 물음은 계속될 수 있다. 왜냐하면 우리는 여전히 '왜 상상력이 관련된 지각들의 연속물로부터 마음의 지속 존재로 이동하는가' 하고 물을 수 있기 때문이다. 이런 물음에 대해 흄은 더 이상의 답변을 찾는 쪽으로 진행하지는 않는다. 그는 우리 믿음의 방식 및 전이를 쉽게 발생하게 만드는 몇 가지 조건들을 기술하는 것으로 만족하고 있다.

# 7 도덕

## 1. 문제의 배경

이 장에서는 흄의 주저인 《논고》 3권의 내용 가운데서 흄의
도덕적 신념에 관한 논의를 다루겠다. 이러한 논의는 흄의 도
덕 인식론moral epistemology을 구성하며, 특히 도덕적 신념의
정당화 문제에 관련된다. 이것을 정당화 문제에 관련시키면,
흄의 물음은 우리의 도덕적 신념이 어떻게 정당화되는가의 물
음이며, 이 물음에 답하기 위해 흄은 추론적 정당화와 증명적
정당화(연역)의 가능성을 묻는다. 이에 대한 흄의 결론은 역시
회의적이다(정당화 회의론). 우리의 도덕적 신념 혹은 판단은 앞
의 두 가지 가운데 그 어느 것에 의해서도 정당화되지 않는다

는 것이다. 나아가 흄은 우리의 도덕적 신념은 '느낌feeling', '정념passion'과 같은 인간의 자연적 본능적인 것에 근원을 가지고 있음을 설명한다. 따라서 필자는 흄의 도덕적 신념에 관한 검토 역시 《논고》 1권의 주요 주제들, 즉 인과적 신념, 물질 대상에 대한 신념, 자아의 존재에 대한 신념을 다룰 때와 동일하게 진행한다는 것을 확인하고자 한다. 즉 이 도덕적 주제 역시 흄 자신의 자연주의 프로그램의 일관된 체계적 구성요소가 된다는 것이다.

흄은 도덕의 문제를 다루는 《논고》 3권의 서두에서 이 문제에 관한 자신의 입장이 《논고》 1권과 2권에서의 자신의 입장과 일치하고 있다고 생각한다. 나아가서 흄은 도덕에 대한 자신의 논의가 《논고》 1권과 2권에서 제시한 오성과 정념에 대한 설명을 부분적으로 확증해주리라고 생각한다. 흄은 이렇게 말한다. "그렇지만 나에게는 철학의 현 체계가 그것이 전개됨에 따르는 새로운 힘을 획득하게 되리라는, 그리고 도덕에 관한 우리의 추론이 오성과 정념에 관해 이야기된 것들을 확증해주리라는 기대가 없지 않다."(T 455)

다시 말해서 흄은 도덕에 대한 검토를 통해 다시 한 번 이성의 독주를 견제하고 있으며, 우리 본성에서 정념 혹은 느낌의 중요성을 강조하고 있는 것이다. 흄은 《논고》 1권에서 인간 오성의 능력에 대해 검토한다. 그 결과 흄은 이성이 데카르트가 생각한 것처럼 우리의 인식에 확고한 토대가 되지 못한다는 결론에 도달한다. 가령 인과적 필연성의 관념이나 외부 세계의 존재에 대한 우리의 신념은 그야말로 상상력에 의한 습관의 산물에 불과한 것이지 이성에 의해 정당화된 확고한 지식은 못된다는 것이 흄의 입장이다. 이러한 자신의 분석이 타당하다는 것을 보이는 또 다른 영역이 바로 《논고》 3권의 도덕의 영역인 것이다.

도덕의 문제를 다룰 때 흄은 자신의 인식론의 원리인 '관념이론'에 입각해서 이 문제에 접근하고 있다. 흄에 따르면, "일찍이 정신에 현존하는 것은 그것의 지각들 외에 아무것도 없으며, 보고 듣고 판단하고 사랑하고 미워하고 생각하는 이 모든 활동이 이러한 명칭 하에 들어간다고 주장된 바 있다. 정신은 우리가 지각이라는 말로 이해할 수 없는 그 어떤 활동도 행할 수 없다. 그러므로 이 용어는 정신의 다른 모든 작용에 못지않게 우리가 도덕적 선과 악을 구별하는 그러한 판단들에도 적용될 수 있다. 하나의 성질을 시인하는 것 또는 다른 하나의 성질을 비난하는 것은 다만 수많은 서로 다른 지각들에 지나지 않는다. 한편 지각들은 인상과 관념 두 종류로 나뉘므로, 이러한 구별이 한 가지 물음을 제기하는데, 이것을 가지고 도덕에 관한 현재 우리의 탐구를 풀어나가게 될 것이다. 우리가 덕과 악덕을 구별하고, 어떤 행위를 비난받을 만한 것으로 또는 칭찬

받을 만한 것으로 단언하는 것은 우리의 관념에 의해서인가 아니면 인상에 의해서인가?"(T 456)

여기서 흄은 '도덕적 구별이 감정에서 오는가 아니면 이성에서 오는가'의 물음을 '도덕적 판단 혹은 단언이 인상의 문제인가 관념의 문제인가'라는 물음으로 표현하고 있다. 흄은 옳음과 그름이 선천적인 추리에 의해서 구별된다는 견해를, 도덕은 관념들의 비교에 의해서 구별된다는 말로 표현한다. 가령 2+2=4는 이성에 의해 발견되는 선험적이고 필연적인 진리로서, 두 개의 점에 관한 관념과 또 다른 두 개의 점에 관한 관념들을 비교하고, 이것들이 네 개의 점들에 관한 우리의 관념과 수적으로 동일함에 틀림없다고 봄으로써 참임이 알려진다. 여기서는 현실적으로 발생하는 것에 대한 경험에 호소할 필요가 없다. 한편으로 흄은 도덕이 경험의 문제라는 견해를, 도덕은 우리의 인상에 의해 구별된다는 말로 설명한다. 예를 들어 아무리 많은 선험적 논증을 시도한다 해도 이것이 우리에게 풀이 무슨 색인지를 알려주지 못한다. 풀의 색깔을 알기 위해서, 우리는 풀의 인상을 얻지 않으면 안 된다. 우리가 풀이 초록색이라는 것을 알 수 있는 것은 오직 이러한 인상으로부터이다.

한편 흄은 다른 곳에서와 마찬가지로 도덕에 대해서도 두 측면에서 접근하고 있다. 그 첫째는 이성의 능력에 대한 부정적인 해석을 통해 도덕적 구별에서 이성의 역할을 부인하고 있으며, 둘째로 행위의 계기에 있어서 정념 혹은 느낌의 중요성에 기초하여 느낌에 기초한 적극적인 도덕론을 펴고 있다. 《논고》 3권 1부 1절은 그 첫 번째 측면을 소개하고 있다. 이어서 2절에서 그는 두 번째 측면에서 도덕에 관한 적극적 이론을 편다. 다음 절에서 이것들에 대해 살펴볼 것이다.

## 2. 행위에 관한 이론

흄의 도덕에 관한 이론을 살펴보기 전에, 정념에 관한 그의 입장을 살펴볼 필요가 있다. 왜냐하면 이것이 그의 도덕에 대한 기본 입장을 보완하기 때문이며, 나아가서 흄의 전 철학의 중심 원리를 제공하고 있기 때문이다. 이 원리는 일반적으로 '이성에 대한 정념의 우위' 논제라 불리며, 이것을 다루고 있는 부분이 바로 "정념에 관하여"라는 제목이 붙은 《논고》 2권이다. 흄은 종래의 철학에서 또는 일상생활에서조차도 정념과 이성을 서로 반목되는 것으로 보고, 이러한 상황에서 정념을 누르고 이성에 따르는 사람이 덕 있는 사람으로 인정되어왔음을 지적한다. 그러나 그는 이러한 사고방식이 잘못된 것임을 지적하면서, 이성과 정념에 관하여 다음과 같은 두 가지 명제를 제시한다.

이 모든 철학의 오류를 드러내기 위하여, 나는 다음과 같은 것을 입증하고자 노력할 것이다. 첫째로 이성은 이것만으로는 결코 의지에 따르는 그 어떤 행위의 계기가 될 수 없으며, 둘째로 이성은 의지에게 무언가를 요구하는 일과 관련해서 정념에 대립할 수 없다.(T 413)

이 두 명제가 참임을 입증함에 있어, 흄은 이성의 기능을 증명demonstration과 개연성probability으로 나눈다. 전자는 관념들의 관계에 관련된 것으로 특히 수학적 지식을 낳는다. 후자는 경험적이고 인과적인 지식 혹은 신념이다. 먼저 증명과 관련된 이성은 결코 어떠한 행위의 원인도 되지 못한다. "물론 수학은 모든 역학적 작업에서 유용하며, 산술은 거의 모든 분야와 전문직에서 유용하다. 그러나 그것들만으로는 어떠한 영향력도 가지지 못한다."(T 413) 가령 역학은 특정한 목적과 의도에 따라 물체의 운동을 통제하는 기술이다. 여기서 특정한 목적과 의도는 수학에 의해 지시되는 것이 아니다. 또한 상인은 어떤 사람과의 거래의 가격을 알고자 하는 의도에서 산술을 이용한다. 그는 어떤 가격이 자신의 빚을 갚고, 새 물건을 구입하는 데 필요한 것과 동일한 결과를 가질 것인지를 알고 싶어 한다. 이렇듯 이성은 원인과 결과를 관련짓는 일에 도움을 주는 한에서만 행위에 영향을 미친다. 즉 다른 종류의 오성의 기능, 다시 말해서 개연성과 연결되어서만 영향을 미친다.

　둘째로, 개연성에 관련된 이성도 우리의 행위를 산출하지 못한다. 이것은 추상적 관념의 영역이 아니며, 인과적으로 서로 관계된 사물들의 영역이다. 만일 우리가 어떤 대상으로부터 쾌락 또는 고통을 예상한다면, 우리는 그것에 끌리거나 멀어짐으로써 행위를 낳을 것이다. 그러므로 이런 관계들을 발견하는 인과적 추론은 행위에 영향을 미칠 것이다. 즉 "우리의 추론이 다양함에 따라, 우리의 행위들도 다양한 형태를 띨 것이다".(T 414) 그러나 흄에 따르면 이러한 "행동은 이성에서 나오는 것이 아니며, 다만 이성에 의해 지도될 뿐이다. 혐오 또는 선호가 어떤 대상을 향해 일어나는 것은 고통 또는 쾌락에 대한 전망 때문이다".(T 414) 즉 이끌림이나 반발은 근원적으로 쾌락과 고통에 대한 기대로부터 나온다는 것이다. 만일 A와 B가 모두 우리와 무관하다면, A가 B의 원인이라는 사실은 우리의 행위에 고려되지 않을 것이다.

　나아가서 흄은 두 번째 명제에 대해 논증한다. 즉 이성만으로 행위를 낳을 수 없다면, 마찬가지로 행위를 막을 수도 없다는 것이다. 이성 혼자서는 어떠한 의지에도 대립할 수 없다. "이러한 결론은 필연적인 것이다. 이성이 우리의 정념에 반대되는 방향으로 충동을 가하지 않는 한 그것이 의지작용을 막는 그런 두 번째 효력을 가진다는 것은 불가능하다." "만일 이러

한 반대 충동이 이성으로부터 일어난다면, 이성의 기능은 의지
에 근원적인 영향력을 가지고 있음에 틀림없으며, 따라서 의지
적인 어떠한 행위도 막을 수 있거나 일으킬 수 있을 것이다."(T
415) 그러나 첫 번째 명제를 지지하는 논증에서 보았듯이 이성
은 의지를 도울 뿐이지 의지를 일으킬 수는 없다. "다른 반대
충동 말고는 그 어떤 것도 정념의 충동에 대립하거나 그것을
지연시킬 수 없다."(T 415) 그러므로 이성과 정념 간의 상충은
있을 수 없다.

이렇게 흄은 두 가지 명제를 논증하고 이렇게 결론짓는다.
"우리가 정념과 이성의 반목을 이야기할 때, 그것은 엄밀하게
그리고 철학적으로 말하고 있는 것이 못 된다. 이성은 정념의
노예이며 또한 그래야만 한다. 이성은 정념에 봉사하고 복종하
는 것 말고 다른 어떤 권리도 주장할 수 없다."(T 415)

여기서 흄이 "이성은 정념의 노예이며 또한 그래야만 한다."
고 말할 때, 이것은 격한 감정과 강한 욕정이 지배하는 삶을 제
안하고 있는 것이 아니다. 18세기에 정념이란 말은 오늘날의
격한 감정의 뜻을 강하게 내포하고 있지 않다. 그가 우세해야
한다고 생각한 정념은 자애benevolence나 자기애self-love 및 덕
에 대한 사랑love of virtue과 같은 고요한 정념calm passions이라
고 보아야 할 것이다.

위의 중심 원리를 좀 더 완곡하게 이해하자면, 모든 지식 —

이것이 선천적 진리에 관한 것이든 경험적 사실에 관한 것이든—그리고 모든 신념 및 모든 합리적 고찰은 그 자체만으로는 무력하다는 견해로 이해할 수 있다. 이것들을 흄은 넓은 의미로 '이성'에 포함시킨다. 이것들 중 어느 것도 어떤 행위를 행하거나 행하지 않을 계기를 제공하지 못한다는 것이 흄의 입장인 것이다. 어떤 행위를 하거나 하지 않을 계기는 다른 어떤 것을 요구한다. 즉 그가 정념passion 또는 정감sentiment이라고 부르는 것, 더 구체적으로 말하면 욕구와 같은 것이 있어야 한다는 것이다. 이러한 욕구와 결합할 때만이 비로소 지식이나 신념은 우리가 어떤 행위를 할 것을 결정하는 데 도움을 줄 수 있는 것이다. 이런 점에서 흄은 이성이 행위와 아무런 관계도 가지지 않다고 말하는 것은 결코 아니라는 점에 주의해야 할 것이다.


## 3. 도덕의 본성

흄은 인식론에서나 정념론에서와 마찬가지로 도덕에 대한 논의에서도 두 가지 측면에서 접근하고 있다. 그 첫째는 이성의 능력에 대한 부정적인 해석을 통해 도덕적 판단에서 이성의 역할을 부인하고 있으며, 둘째로 행위의 계기에 있어서 정념 또는 느낌의 중요성에 기초하여 적극적인 도덕론을 펴고 있다. 《논고》3권 1부 1절은 그 첫 번째 측면을 소개하고 있으며, 이어서 2절에서 두 번째 측면에서 도덕에 관한 적극적 이론을 편다.

### (1) 도덕적 판단과 이성

흄은 자신의 관념의 이론에 입각한 논증으로 들어가기 전에 《논고》2권 3부 3절에서 도달한 인간 행위에 관한 이론에 기초하여, 도덕적 판단이 이성에서 유래하는 것이 아님을 다음과 같이 논증한다. "그러므로 도덕은 행위와 심정affections에 영향을 미치기 때문에, 그것은 이성에서 유래할 수 없다는 것으로 귀결된다. 이것은 이미 입증했듯이, 이성만으로는 결코 그러한 영향을 미칠 수 없기 때문이기도 하다. 도덕은 정념을 자극하고 행위를 일으키거나 막는다. 이성은 혼자서는 이런 점에 있어서 완전히 무력하다. 그러므로 도덕의 규칙들은 우리 이성의 결론이 아니다."(T 457)

이 논증은 《논고》2권 3부 3절의 결론, 즉 이성적 추론만으로는 행위에 영향을 미칠 수 없다는 결론을 첫 번째 전제로 삼고 있다.(T 413~418) 여기에 도덕적 판단은 실천적이며, 그렇기 때문에 '행위를 일으키거나 막는다.'는 두 번째 전제가 결합된다. 그리하여 흄은 '도덕은 이성에서 유래할 수 없다.'고 결론짓는다.

흄의 이러한 논증은 도덕적 판단은 이성적 사유의 소산이라고 주장하는 합리론자의 주장에 대한 반박이다. 즉 "덕이란 이성에의 일치와 다를 바 없으며, 사물들에 대한 영원한 적합과 부적합이 모든 합리적 존재에 대해 동일하게 존재한다."(T 456)는 합리론자의 주장에 반대하여 도덕적 판단은 이성의 사유를 통해서만은 결코 이루어질 수 없다는 논증을 펴고 있는 것이다. 흄의 첫 번째 전제에 따르면, 이성의 추론을 통해 얻어진 지식 또는 신념은 그것만으로는 행위를 일으킬 수 없다. 흄에 따르면 우리의 지식은 정념에 의해 계기가 주어질 때에만 행동으로 옮겨질 수 있기 때문이다.

흄은 자신의 결론에 도달하기 위해 인간 본성에 관한 확실한 사실로 여겨지는 것에 의존한다. 첫 번째 전제가 그렇고 두 번째 전제도 마찬가지이다. "철학은 대개 사변적인 것과 실천적인 것으로 나뉜다. 그리고 도덕은 항상 후자의 영역에 속하는 것으로 이해되는 바와 같이, 그것은 우리의 정념과 행위에 영향을 주며, 오성의 고요하고 효력 없는 판단들을 능가하는 것으로 여겨진다."(T 457) 인간은 종종 자신들이 좋거나 옳다고 생각함으로 인해서 어떤 행위를 행하도록 유인된다. 또는 그것이 나쁘다거나 행해서는 안 된다는 생각에서 어떤 행위를 금지하도록 유발된다. '이것은 일상적 경험에 의해서 확인되는' 중요한 사실이며, 흄은 이것으로 자신의 결론을 입증하는 데 충분하다고 생각한다.

흄은 이제 본격적으로 자신의 관념의 이론에 입각한 논증으로 들어간다. 즉 도덕적 판단은 이성에서 유래하지 않는다는 것을 보이기 위하여 도덕적 판단은 논증을 허용하지도 않으며, 사실의 문제도 아니라는 것을 보여주고자 한다.

만일 사고와 오성이 단독으로 옳음과 그름의 경계를 확정할 수 있다면 덕과 악의 성질은 대상들의 어떤 관계들이거나 아니면 우리의 추론에 의해 발견되는 사실의 문제이어야 한다. 이러한 결론은 명백하다. 인간 오성의 작용은 두 종류, 즉 관념들 간의 비교와 사실 문제에 관한 추론으로 나뉘기 때문이다. 덕이 오성에 의해 발견된다면, 그것은 이러한 작용들 중 하나의 대상이어야 하며, 그것을 발견할 수 있는 어떤 제3의 오성작용은 존재하지 않는다.(T 463)

만일 이성이 도덕적 구별을 발견한다면, 그것은 두 가지 방식 중의 하나에 의해서만 가능할 것이다. 즉 대상에 대한 우리의 관념들을 비교함으로써 아니면 우리의 관념에 대응하는 인상을 가짐으로써 도덕적 구별을 발견할 것이다. 가령 우리는 두 마리의 새가 두 마리의 코끼리와 수에 있어서 동일하다는 것을 각각의 관념들 또는 이미지들을 비교하여 수에 있어서 같다는 것을 이해함으로써 알게 될 수 있다. 이와 달리, 우리는 불에 대한 우리의 관념에 대응하는 어떤 것이 또는 불의 이미지를 일으키는 어떤 것이 실제로 존재한다는 것을, 화염에 대한 우리의 인상으로부터 추론함으로써 안다.

그러나 흄은 도덕적 구별에 대한 우리의 이해는 이 두 방법 중 어느 것에도 속하는 것이 아니라고 생각하기에 도덕적 구별은 이성의 작용이 아니라고 결론짓는다.

먼저 '도덕은 논증을 허용하지 않는다.'는 논제에 대해 살펴보자. 이것은 도덕은 논증을 허용한다는 로크 또는 클라크의 주장에 반대하는 논증이다. 그러나 도덕적 결론은 논증만으로 이끌리지 않는다는 것이 흄의 입장이다. "다음과 같은 견해가 몇몇 철학자들에 의해 꽤나 열심히 유포되어왔다. 즉 도덕은 증명이 가능하며, 비록 아무도 그런 증명에서 한 발짝도 전진할 수 없었지만 이 연구는 기하학이나 대수학과 동등한 확실성에 이르게 되리라는 것은 당연하다는 것이다."(T 463)

이에 대한 반론으로써 흄은 다음과 같이 논증한다. 모든 논증은 관념들의 비교를 통해 진행된다. 따라서 특정 상황에서 특정한 종류의 행위가 악하다는 것을 증명하기 위해서, 우리는 악의 관념이 그 상황에서의 그런 종류의 행위의 관념 안에 포함되어 있다는 것을 보여야 할 것이다. 그런데 흄은 자신의 관념의 이론에서, 사물들 사이에 가능한 관계들에는 오직 네 가지가 있다고 주장한 바 있다.(T 13~15) 유사성, 모순성, 성질의 정도, 양 또는 수의 비율이 그것이다. 이것들은 전적으로 비교 관념들이며, 그 관념들이 동일하게 존속하는 한 관계들 역시 불변적으로 동일하게 남아 있다. 이 중 처음 세 가지는 직관적으로 발견될 수 있다. 그러나 양과 수의 비율은 논증을 통해서 나오는 것이며, 이것이 산술의 확실성의 토대가 된다. 가령 우리는 5라는 관념에 포함된 것과 3이라는 관념에 포함된 것으로부터 5가 3보다 수적으로 더 크다는 것을 논증할 수 있다.

도덕이 이러한 논증을 허용한다면, 다음과 같이 말할 수 있다. 즉 어떤 것이 옳다 혹은 그르다, 좋다 혹은 나쁘다, 유덕하다 혹은 악하다고 말하는 것이 그것이 다른 어떤 것과 같다, 같지 않다, 그것보다 더 붉다, 또는 수에 있어서 같다고 말하는 것이라면, 관념들 간의 비교의 성질을 갖는 것은 또한 도덕적 성질을 가지고 있어야만 한다. 그러나 비교의 성질을 가지면서도 어떠한 도덕적 성질도 가지지 않은 사물들을 우리는 쉽게 발견할 수 있다. 따라서 도덕성은 논증을 허용하지 않는다. "유사성, 모순, 성질의 정도 및 양과 수의 비례, 이 모든 관계는 물체에 마땅히 속하면서도 우리의 행위, 정념 및 의지에 속하기도 한다. 그러므로 도덕성은 이런 관계 중 어느 것에도 있지 않으며, 그것을 감각함으로써 발견되는 것도 아니다."(T 464)

흄이 논증을 제공하는 것으로 인정하는 것은 네 가지의 관계뿐이다. 그런데 이것들은 마땅히 비생명적인 대상들에 적용될 수 있으며, 또한 행위나 정념 및 의지에도 적용될 수 있다. 그러나 도덕성은 후자에만 적용될 수 있을 뿐이다. 만약에 도덕성이 전자에 적용될 수 있다면, 그것은 비생명적인 대상이나 사건이 옳거나 그르다 또는 칭찬받을 만하다거나 비난받아 마땅하다고 말하는 것이 된다. 이것은 명백히 불합리하다. 그러므로 도덕은 네 가지 관계들 중 어느 것에도 속하는 것이 아니라는 것이다.

그러나 이러한 논증은 매우 일반적이며 추상적이어서 이해하기가 쉽지 않다. 흄은 네 종류의 관계가 사물들에 대해 적용될 수 있는 전부라고 주장하고 있지만, 이에 대해 어떠한 구체적 설명이나 변론을 펴고 있지 않다. 그렇지만 흄은 두 개의 예, 즉 부친 살해의 예와 근친상간의 예를 들어 자신의 논증을 강화시키고자 한다. 여기서는 부친 살해의 예만을 다루겠다. 부친 살해는 가장 끔찍한 행위 중의 하나로 인식되고 있다. 그러나 그러한 판단은 논증에 의해 이루어지는 것은 아니다. "그러므로 사태를 이러한 시험에 붙이기 위해, 도토리나무와 느릅나무와 같은 비생명적인inanimate, 즉 이성이 없는 대상들을 선택해보자. 그리고 다음과 같이 가정해보자. 그 나무는 자신의 씨를 떨어뜨림으로써, 그것 밑에 어린 나무를 자라게 한다. 이것은 점점 자라 마침내 부모 격인 나무를 능가하여 사멸시킨다. 나는 이렇게 묻겠다. 이 예는 부모 살해 또는 배은망덕에서 발견되는 모든 관계를 갖추고 있지 않은가? 하나의 나무가 다른 나무를 존재하게 한 원인이 아닌가? 그리고 후자는 자식이 부모를 살해할 때와 마찬가지로 전자의 사멸의 원인이 아닌가?”(T 467)

여기서 함축하는 것은, 부모 살해를 특징짓는 일반적인 관계들에 관한 한, 인간의 경우와 인간이 아닌 경우 사이에 아무런 차이가 없다는 것이다. 따라서 부모 살해의 사악함에 관한 우리의 판단이 오직 이들 관계들에만 기초하고 있다면, 우리는 마땅히 어린 나무가 사악한 짓을 했다고 생각해야만 한다. 그러나 우리는 그렇게 생각하지 않는다. 그러므로 흄은 우리의 도덕적 판단이 논증에 의해 확립된 것이 아니라고 결론짓는다.

다음으로 흄은 행위의 악 또는 덕이 관념들의 병치와 비교에 의해서만은 증명될 수 없다고 믿을 뿐 아니라, 행위의 악 또는 덕은 이성에 의해 어떤 것으로부터 추론될 수 있는 사실의 문제가 아니라고 믿었다. “사악한 것으로 여겨지는 어떤 예든지 살펴보자. 가령 의도적인 살인의 경우, 그것을 모든 면에서 검토하고, 당신이 소위 악이라는 사실 혹은 실재적 존재를 발견할 수 있는지 살펴보라. 그것을 어떤 방식으로 보든지 당신은 다만 소정의 정념들, 동기들, 의지들 및 사고들만을 발견할 뿐이다. 그 경우에 다른 사실은 없다. 당신이 대상을 고찰하는 한, 당신은 전혀 악을 떠올리지 못할 것이다. 당신이 고찰의 방향을 당신 자신의 마음 쪽으로 돌려서, 그 행위에 대한, 당신 안에서 일어나는 비난의 감정을 깨닫게 될 때까지는 결코 악을 발견할 수 없다. 여기에는 사실의 문제가 있다. 그러나 그것은 느낌의 대상이지 이성의 대상이 아니다. 그것은 당신 안에 있지, 대상 안에 있지 않다. 그러므로 당신이 어떤 행위를 사악하다고 공언하거나 특징지을 때, 당신은 당신이 그것을 바라봄으로 인해 당신 본성의 구조에 기인하여 비난의 느낌 또는 감정을 느낀다고 말하는 것에 지나지 않는다. 그러므로 악과 덕은 소리, 색깔, 열 및 냉기에 비교된다. 이것들은 오늘날의 철학에 의하면, 대상들 안에 있는 성질들이 아니라 마음 안에 있는 지각들이다."(T 468~469)

이 부분은 흄의 입장을 소개하는 데 있어서 널리 인용되는 글로서, 도덕에 관한 흄의 입장이 직접적으로 그리고 강력하게 나타나 있다. 그렇지만 이 부분의 내용은 매우 혼란스럽고 애매해서 다양한 해석을 가능하게 한다. 여기서 흄은 도덕이 사실의 문제가 아니라고 주장하면서, 마지막에 가서는 도덕은 감정의 사실이라는 결론을 내리고 있다. 이에 대해 다음과 같이 이해한다면, 흄의 전체 글과 뜻이 통할 것이다. 즉 '도덕은 비록 사실의 문제이긴 할지라도, 논증적 혹은 개연적 추론에 의해 확립될 수 있는 사실의 문제는 아니다'. 이 말은 '도덕은 느낌에 대한 사실이다.' 라는 말과 양립할 수 있다. 도덕은 어떤 행위에 대한 시인 또는 비난의 느낌을 가지는 것일 수 있다. 그렇지만 그것은 이성에 의한 추론이나 논증에 기초하는 것이 아니라는 것이다. 이것은 위의 예에서 살인 행위의 사악함이 우리의 관찰에 기초하여 이성적인 추론을 통해 얻을 수 있는 어떤 것이 아닌 것과 같다.

### (2) 도덕적 판단과 도덕감

흄은 '어떻게 도덕적 구별이 인식되는지'에 대한, 즉 선과 악은 이성에 의해 구별되는지 아니면 감정에 의해 구별되는지에 대한 자신의 적극적인 대답을 《논고》 3권 1부 2절에서 제시하고 있다. 즉 1절에서 흄은 앞의 물음에 대한 답을 이성의 역할을 부인하는 부정적인 측면에서 제시하고 있는 반면, 2절에서는 도덕적인 선과 악은 감정에 의해 구별된다고 하는 적극적인 입장을 밝히고 있는 것이다. 그러나 실제로 2절의 근본내용은 1절에서 이성의 역할을 부정하면서 이미 명시되어 있다. 2절은 다만 감정의 역할에 대한 강조와 확인에 그치며, 나아가서 이에 대한 짤막한 보충 설명을 하고 있다. 그에 따르면, "악덕과 덕은 단순히 이성이나 관념들의 비교에 의해 발견될 수 없기에 우리가 그것들 간의 차이를 구분할 수 있는 것은 그것들이 일으키는 어떤 인상이나 정감에 의해서임에 틀림없다. 도덕적 옳음과 사악함에 관한 우리의 판결들은 명백히 지각들이다. 그리고 모든 지각은 인상이거나 관념이기에, 하나의 제거는 다른 하나에 대한 확실한 증명이다. 그러므로 보다 엄밀히 말해서 도덕성은 판단된다기보다는 오히려 느껴진다."(T 470)

여기서 나타나는 흄의 기본 입장은 이미 앞 절에서 제시되었다. 그러므로 흄은 이러한 자신의 적극적 입장을 보충하고 설명하는 데에 역점을 둔다. 그에 따르면 덕으로부터 느끼는 느낌 혹은 인상은 흡족한agreeable 느낌 또는 인상이며, 악으로부터 오는 느낌은 불쾌한disagreeable 느낌이다. 이러한 사실은 우리가 겪는 실제의 경험으로부터 알 수 있다고 흄은 말한다. "그 어떤 즐거움도 우리가 사랑하고 존경하는 사람들과 같이 있을 때 느끼는 만족에 미치지 못한다. 모든 형벌 중에서 가장 심한 것이 증오하거나 저주하는 사람과 더불어 생활해야 하는 것이듯이,"(T 471) 이러한 쾌 · 고의 느낌이 우리의 칭찬이나 비난을 일으킨다는 것이다. 그러므로 우리가 어떤 성격을 보고 선하다고 할 때, 이것은 추론하는 것이 아니라 기쁨을 느끼는 것이다.

그러나 모든 종류의 쾌나 불쾌의 느낌이 도덕적 판단(칭찬이나 비난의 느낌)을 낳는 것은 아니다. 우리가 덕을 바라봄으로써 느끼는 쾌락은 여타의 쾌락과 달라야 한다. 그렇지 않다면 흄은 이성론자들의 견해에서 볼 수 있는 것과 똑같은 오류를 범하는 것이기 때문이다. 즉 "만일 덕과 악덕이 쾌락과 고통에

의해 결정된다면 이런 성질들은 모든 경우의 감각에서 생겨야
만 한다. 그렇다면 결국 어떠한 대상도, 생명이 있든 없든, 이
성적이든 비이성적이든, 그것이 만족 또는 불쾌를 일으킬 수
있다면 도덕적으로 선하거나 악하다고 말할 수 있게 된다".(T
471) 그러므로 특별한 도덕적 감정과 여타의 쾌·불쾌의 느낌
사이에 구별이 있어야만 할 것이다.

　흄은 두 가지 면에서 도덕적 감정과 그렇지 않은 감정을 구
별한다. 첫째로 덕을 바라봄으로써 우리 안에 일어나는 쾌락은
다른 쾌락과는 종류가 다르다고 흄은 주장한다. "훌륭한 음악
작품과 한 병의 훌륭한 포도주는 똑같이 쾌락을 낳는다. 나아
가서 이것들의 훌륭함은 단순히 쾌락에 의해서 결정된다. 그러
나 그렇다고 해서 우리가 포도주가 화음이 좋다거나 음악이 맛
좋다고 말하겠는가?" (T 472) 이와 마찬가지로 생명이 없는 대
상과 어떤 개인의 성품 혹은 감정은 둘 다 만족을 주지만 그 종
류는 서로 다르다는 것이다. 이렇듯 "성격과 행위에서 생기는
모든 쾌락이나 고통의 감정은 우리에게 칭찬이나 비난을 일으
키는 독특한 종류의 것들이다".(T 472) 그 독특한 측면 중의 하
나로서 흄은 도덕적 감정의 보편적 특성에 대해 언급한다. 그
에 따르면 "한 성격이 도덕적 선 또는 악이라 불리는 느낌이나
감정을 일으키는 경우는 오직 그것이 우리의 개별적 이해에 관
련되지 않고 일반적으로 고려될 때이다".(T 472) 이런 점에서

흄이 도덕적 감정을 이야기할 때, 단지 개인의 주관적 감정만을 말한다고는 볼 수 없다.

둘째로 쾌락을 일으키는 덕과 불쾌를 일으키는 악은 우리 자신이나 타인 안에 자리 잡고 있어서, 우리 자신에 대해서는 자긍심 또는 수치심의 감정을, 타인에 대해서는 사랑 또는 증오의 감정을 일으킨다고 흄은 말한다. 이 점에서 도덕적 쾌·고는 생명이 없는 대상에 의해 야기되는 쾌·고와 구별된다. 즉 생명이 없는 대상들은 사람에 대해 아무런 관련을 갖지 않기 때문이다. 가령 저녁노을은 즐거움을 느끼게 한다. 그러나 그것은 우리 자신에게나 타인에게나 아무런 관련을 가지지 않기에, 자신에 대한 자긍심이나 수치심 혹은 타인에 대한 사랑이나 증오를 느끼게 하지 않는다는 것이다.

이상에서 살펴본 《논고》 3권 1부 2절의 제목은 "도덕적 구별은 도덕감에서 온다"로 되어 있다. 여기서 그는 도덕감은 결국 쾌·고의 느낌 혹은 인상에서 생기는 것이라 말하며, 이런 도덕적 쾌·고의 느낌과 그렇지 않은 쾌·고의 느낌과의 차이를 서술했다. 그런데 한 가지 지적할 것은 흄은 도덕적 구별과 느낌 사이의 관계에 대한 명료한 설명을 하지 않고 있다는 것이다. 그는 "느낌이 우리의 칭찬이나 찬양을 구성한다."(T 471)고 말한다. 즉 느낌이 도덕적 구별이나 판단을 낳게 한다는 것이다. 여기서 느낌은 그야말로 시인이나 비난의 주관적 느낌이다. 그러나 이 느낌에 대한 우리의 판단도 과연 개별적 인상에 기초한 것일까? 이런 점에서 흄은 판단과 느낌을 구별하지 못했다고 볼 수밖에 없다. 이러한 용어의 불분명함으로 인해서, 흄의 도덕감에 관한 이론은 다양한 해석을 허용하게 된다.


## 4. 다양한 해석

### (1) 메타 윤리학과의 관련

도덕적 판단에 관한 흄의 입장을 이해하기 위한 관건은 흄이 말하는 도덕감을 어떻게 이해하느냐에 있다. 《논고》 3권 1부 2절의 제목에 나타난 바와 같이 흄은 자신을 도덕감 이론Moral sense theory의 주창자인 것처럼 기술하고 있다. 그러나 흄의 입장을 단순히 도덕감 이론이라고 말하게 되면 커다란 오해를 낳을 우려가 있다. 흄은 18세기 영국에서 활동한 일단의 도덕감 학파와는 다른 특성을 보이고 있기 때문이다. 그러므로 흄이 사용하는 도덕감moral sense 또는 moral sentiment을 어떻게 이해하느냐에 따라 흄의 도덕에 대한 이해가 달라진다. 먼저 도덕감에 대한 객관주의적 해석objectivist version과 정감주의적 해석sentimentalist version이 가능하다.

### ① 객관주의

먼저 흄은 도덕에 대해 객관주의적 또는 직각주의直覺主義적 intuitionist 견해를 취하는 것으로 이해될 수 있는 면이 있다. 도덕감에 대한 흄의 설명을 통해 우리는 흄이 제1성질에 유비되는 도덕감이 존재한다고 주장하고 있다고 이해할 수 있다. 이렇게 보면 덕 또는 악은 이러한 특별한 도덕감에 의해 감지되는 객관적 성질일 것이며, 그러한 성질은 어떤 행위 안에 있는 어떤 것이 된다. 또한 덕이나 악이 행위 안에 있는 성질이라면, 하나의 행위는 우리가 그것을 시인하든 부인하든 악하거나 선할 것이다. 따라서 도덕감을 통해 획득한 우리의 도덕적 판단이나 신념은 참이거나 거짓일 수 있다.

실제로 흄은 "우리가 악과 덕의 차이를 구별할 수 있는 것은 이것들로부터 생겨나는 인상 혹은 정감에 의해서이다".(T 470)라고 말한다. 여기서 흄은 행위의 선함은 행위의 객관적 성질이라고 말하는 것처럼 보인다. 또한 흄은 덕을 "관찰자에게 시인의 흡족한 감정을 일으키는 모든 정신적 활동이나 성질"(E 289)이라고 정의하고 있기도 하다. 여기서도 악과 덕은 행위 혹은 성격의 객관적 성질이라는 것을 함축한다.

그러나 이렇게 이해하는 것은 흄이 사용한 '도덕감'이라는 용어를 지나치게 협소하게 이해하고 있는 것이다. 흄에 있어서 '감각sense'이라는 말은 매우 넓은 의미로 쓰인다. 이 말은 제1

성질의 감각지각에 해당하기도 하고 제2성질의 그것에 해당하기도 하며, 고통의 감각, 조화의 감각, 혐오의 감정, 또는 모욕감에 해당하기도 한다. 여기서 중요한 것은 흄은 도덕감을 제1성질에다 비교하기보다는 제2성질과 비교한다는 점이다. 그는 도덕감을 로크처럼 쾌·고, 미·추의 감각과 비교한다. 이것은 분명 우리가 어떤 감정을 가지는 것, 즉 예술작품을 바라보면서 쾌락이나 고통과 같은 특별한 종류의 느낌을 가지는 것의 문제이다. 그러므로 흄이 사용하는 '감각sense'이라는 표현은 그의 도덕론에서는 실제로는 '정감sentiment'을 의미한다고 보아야 한다.

따라서 제1성질에 비유될 수 있는 도덕감이 있고 이것에 의해 사물에 객관적으로 속해 있는 도덕적 성질이 우리에게 파악된다고 주장하는 객관주의를 흄이 주장했다고 보는 것은 타당하지 않다. 그러한 해석은 흄에 대한 다른 해석의 가능성에 비한다면 가장 타당하지 않은 해석이라 할 것이다. 또한 객관주의적 해석은 전반적인 흄의 입장과 전혀 일치하지 않을 뿐만 아니라 그 자체로 타당하지도 않다. 특별히 도덕적 성질을 감각하는 기관moral sense organ과 같은 것이 존재한다고 하는 이런 종류의 객관주의 또는 직각주의는 도덕에 대한 타당한 설명이 아니라고 필자는 생각한다.

## ② 정감주의

흄은 감각과 정감을 구분하지 않고 사용한다. 나아가서 앞 절에서 살펴보았듯이 도덕론에서 흄이 사용하는 '감각'이라는 용어는 '정감'의 의미로 쓰이고 있다. 그러므로 도덕적 진술들에 대한 검토를 통해 드러나는 흄의 입장을 정감주의sentimentalism라고 부를 수 있다. 이러한 정감주의는 다음과 같은 구체적인 견해들로 나뉠 수 있다.

### 기술설

기술설discriptivism에 따르면 도덕적 판단이란 말하는 사람의 감정을 기술하는 것이다. 내가 어떤 행위를 악하다고 말하거나 믿을 때, 나는 내가 그것에 대해 비난의 느낌 혹은 감정을 가지고 있다고 말하거나 믿는 것이다. 즉 도덕적 진술은 나 자신의 느낌을 기술하고 있는 것이며, 내 마음의 상태를 보고하고 있는 것이다. 도덕적 판단이란 화자의 마음에 대한 어떤 진술이다. 즉 그것을 주장하는 개인의 마음 안에서 일어나는 것에 대한 보고이다. 이렇게 기술설은 도덕적 진술을 심리주의적이고 주관주의적인 견지에서 설명하고 있다.

이러한 입장에 포함시킬 수 있는 흄 자신의 표현은 도처에서 발견된다. 그 대표적인 예로서 흄은 이렇게 말한다. "당신이 어떤 행위나 성격을 악덕이라고 단언할 때, 당신이 의미하는

것은 당신 본성의 구조상 당신이 그것을 관망함으로써 비난의
느낌 혹은 감정을 가지게 된다는 것에 지나지 않는다.”(T 469)
여기서 흄은 도덕적 판단을 어떤 행위를 관망함으로써 생긴 마
음의 어떤 상태(창찬이나 비난의 느낌의 상태)를 기술하고 있는 것
으로 간주하는 듯하다. 기술설은 도덕적 판단에서 느낌의 중요
성을 강조하며, 도덕적 판단은 이성적 추론에 의해 도달되지
않는다고 보는 점에서, 흄의 기본 입장과 일치하는 점이 많다.

　도덕적 진술의 의미에 관한 이러한 기술설적 설명은 흄의 기
본 입장과 일치하지 않는다. 순수한 기술적 진술은 그 자체로
는 행위를 일으킬 수 없기 때문이다. 이것은 도덕적 판단의 특
성을 실천적인 것 혹은 행위 안내적인 것으로 본 흄의 견해와
일치하지 않는다. 우리를 행위로 이끄는 것은 나 또는 나와 같
은 감정 체계를 가진 사람들의 도덕적 감정이라고 말할 수는
있어도, 도덕적 진술이 행위를 이끌거나 막는다고 보기는 어렵
다. 이런 점에서 기술설은 흄의 기본 입장에서나 그 이론 자체
의 타당성에 있어서나 받아들여지기 어렵다.

　나아가서 기술설적인 해석은 ‘이다–이어야 한다is-ought’에
관한 흄의 법칙과 일치하지 않는다. 흄은 일반적인 도덕의 체
계에서 ‘이다is’를 포함하는 전제에서 “돌연히” ‘이어야 한다
ought’를 포함하는 결론을 이끌어내고 있음을 간파하고 이것은
“생각할 수 없다inconceivable”고 지적한다.(T 469~470) 도덕적

진술은 'ought'를 포함하는 진술의 형태를 띤다. 그런데 기술설은 도덕적 진술을 기술적 진술로 환원시킨다. 기술적 진술은 명백히 '이다' 형 진술is-statement이다. 즉 어떤 마음의 상태에 관한 사실 진술인 것이다. 그렇다면 도덕적 진술을 사실을 기술하는 진술로 보는 것은 결국 '이다' 형 진술과 '이어야 한다' 형 진술ought-statement을 의미상으로 동일한 것으로 보는 오류를 범하는 것이다. 그러므로 흄 자신의 말과 상충되는 결과들을 해결해야 할 어려움뿐만 아니라 기술설 자체의 난점을 고려한다면, 흄의 입장을 기술설로 이해하는 것은 적합하지 않다고 생각된다.

## 비인식설

기술설이 현대 메타윤리학의 입장에서 크게 인식설cognitivism에 해당한다면, 한편으로 이에 반대되는 윤리설로서 비인식설non-cognitivism이 있다. 도덕적 판단에 관한 흄의 입장은 이러한 비인식설에 입각한 해석을 가능케 하는 측면을 많이 가지고 있기도 하다. 먼저 비인식설의 한 형태인 이모티비즘적인 측면을 살펴보자.

이모티비즘emotivism에 따르면, 도덕적 진술의 주요한 기능은 화자가 가지는 느낌을 표현하는 것이며, 그러한 표현을 통해 상대방에게 동일한 대상에 대해 유사한 느낌을 가지도록 환기시키는 것이다. 즉 'X는 좋다.'고 말하는 것은 어떤 사실을 기술하거나 보고하는 것이 아니라, X에 대해 내가 가지는 어떤 느낌을 표현하고 환기시키는 것이다. 다시 말해서 X에 대한 환호와 같다. 환호는 언어적이지만 주장은 아니다. 대표적인 이모티비스트인 러셀은 흄을 기술설적 입장에서 이해하는 것에 반대하면서 이모티비즘 입장에서 이해하고 있다. 그에 따르면 "우리는 그를 도덕적 진술이 우리 자신이나 다른 사람의 정신적 조건에 관한 사실의 진술이라는 이론과 결부시키기보다는 도덕적 진술은 도덕적인 감정을 표현하는 데 기여한다는 이론과 결부시킴으로써 더 정답에 가까워질 것이다".[3]

비인식설에 입각한 흄 이해의 또 다른 가능성은 규정설pre-scriptivism에 있다. 규정설에서 도덕적 진술의 주요 기능은 명령적imperative이다. 즉 도덕적 진술이란 어떤 행위를 행하거나 행하지 말 것을 권하는 화자의 권고command를 의미하고 있다는 것이다. 맥키는 규정설적인 견해가 이모티비즘의 그것보다 흄에 가깝다고 주장한다. 그것은 흄이 도덕의 실천적인 특성, 즉 행위를 행하거나 금하는 데에 직접적인 계기가 된다는 측면에 주목하고 있다는 점에서 그러하다. 규정설은 더 충분하고 직접적으로 도덕적 진술의 행위 지시적 특성을 밝히고 있기 때문이다.

한편 이모티비즘이나 규정설은 소위 도덕적 판단이라는 것은 실제로는 전혀 판단이 아니라고 보는 점에서 공통되며, 이런 점에서 둘 다 비인식설에 포함된다. 즉 도덕적 언사를 포함하는 진술의 기능은 참이나 거짓일 수 있는 내용을 진술하는 것이 아니라는 것이 비인식설의 기본 입장이다. 실제로 흄은 "도덕은 엄밀히 말해서 판단된다기보다는 느껴지는 것이다",(T 470) 또는 "도덕은 사실 문제가 아니다."(T 468)라고 주장함으로써 비인식설적인 논지를 보이고 있다. 즉 도덕적 판단이 진술하고 있는 윤리적 진리는 없으며, 따라서 아무런 윤리적 진리도 진술되고 있지 않다는 점에서 비인식설과 일치한다. 또한 도덕은 도덕적으로 평가되는 행위들에 내재하는 사실에 관한 문제가 아닐 뿐만 아니라, 아예 사실의 문제가 아니다. 또한 사람들이 어떤 행위에 대해 시인이나 비난의 어떤 태도를 가진다는 사실도 도덕과는 무관하다는 것이다. 그리고 비인식설은 '이다-이어야 한다'에 관한 흄의 입장을 잘 설명해준다. 즉 왜 '이어야 한다'가 '이다'로부터 도출될 수 없는지에 대해서 비인식설은 다음과 같이 설명할 수 있다. 즉 비인식설에 따르면 그것은 그 어떠한 사실에 관한 지식의 총합도 사물에 대한 어떤 특정한 태도를 표명하거나 특정한 행위를 권고하도록 논리적으로 한정시키지 못하기 때문일 것이다. 아울러서 비인식설은, 도덕적 구별은 이성에 의해 도달되지 않는다는 흄의 주장을 정당화시켜줄 수 있다. 왜냐하면 비인식설에서는 도덕적 진리란 존재하지 않으며, 따라서 이성이 발견할 도덕적 진리도 없기 때문이다.

이상에서 살펴본 바와 같이 흄의 도덕론에 대한 해석의 가능성은 매우 다양하다. 그러나 위에 제시된 여러 윤리설 가운데 어느 것 하나 그의 입장과 정확히 일치하지 않는다. 위에서 흄의 도덕론에 대한 객관주의적 해석은 가장 타당하지 않은 것으로 거부되어야 한다고 필자는 생각한다. 기술설적인 성격은 흄 자신의 표현 속에 가장 많이 나타나지만 순수한 기술설적 윤리설 자체는 도덕적 판단의 진정한 본성을 드러내주지 못한다고 생각된다. 흄에 대한 비인식설적인 해석은 그를 현대적인 안목을 가진 사상가로 끌어올리는 데 기여한다. 그러나 그가 이모티비즘이나 규정설을 채택했다고 볼 수 있는 증거는 많지 않다. 이런 점에서 흄은 감정을 보고하는 것과 그것을 표현하는 것과를 구별하지 못한 상태에 있었다고 보는 것이 합당할 것이다. 그러나 더욱 중요한 사실은 흄은 어떤 형태의 견해이든 그것을 명료하게 정형화시킬 만큼의 의미의 문제에 관심을 가지지 않았다는 사실이다. 이것은 당연한 사실일 것이다. 흄은 현대 논리실증주의의 산물인 도덕적 진술에 대한 의미론적 분석을 행한 것이 아니다. 《논고》 서문에서 잘 알 수 있듯이 그는 인간학의 탐구라는 과제 하에서 인간의 여러 신념, 행위 등에 대해 인과적 탐구를 했다고 보는 것이 타당할 것이다. 이러한 고려에서 필자는 다음 절에서 흄 자신이 설정한 근본 과제 및 《논고》 1권의 인식론적 탐구에서의 결과들과 일치하는 또 다른 해석을 검토해보고자 한다.

### (2) 흄 체계와의 관련

앞에서 소개한 견해들처럼 흄이 현대 논리실증주의의 산물인 도덕적 진술에 대한 의미론적 분석을 시도했다고 보기는 어렵다. 오히려 그는, 그 자신이 명백히 밝혔듯이 '인간학'의 탐구라는 과제 하에서 인간의 여러 신념 행위 등에 대한 인과적 탐구를 시도했다고 보는 것이 더 타당하다. 이러한 시각에서 도덕적 판단에 관한 흄의 입장을 잘 이해할 수 있게 해주고, 인식론에서 흄의 입장과도 일치하는 해석이 가능하다. 필자는 대표적으로 스트로드와 맥키의 해석에 기초해서 도덕에 관한 흄의 입장을 살펴봄으로써, 흄이 자신의 저서 《논고》 서문에서 밝힌 근본 의도와 그 의도가 《논고》 1권, 2권, 3권을 통해 일관되게 실현되었다는 시각에서, 즉 《논고》의 전체 내용과의 관련에서 이해하고자 한다.[4]

이러한 해석에 전제되는 것은 "흄이 의미의 문제에는 크게 관심을 가지지 않았다."[5]는 점이다. "도덕적 판단에 있어서 흄의 주요 관심은 그것이 무엇을 의미하는가가 아니라 무엇이 우리로 하여금 그렇게 판단하도록 만드는가이다."[6] 이러한 인과

적 탐구의 결과로 특히 인간의 삶의 도덕적 영역에 대한 탐구
의 결과로 제시되고 있는 흄의 입장은 '투사 이론projection the-
ory'이라 명명될 수 있다.[7] 한마디로 우리의 도덕적 판단, 또는
흄 자신의 용어로 '도덕적 구별moral distinction'이나 도덕적
'단언pronouncement'은 우리의 느낌 혹은 정감이 대상에로 투
사된 산물이라는 것이다.

이 이론에 따르면, 우리는 어떤 행위나 성격을 관망 또는 관
찰한다. 그 다음에 그것에 대한 시인 또는 비난의 감정을 느낀
다. 그러나 이러한 과정에서 우리는 우리가 느낀 감정을 이 감
정을 일으킨 대상, 즉 어떤 행위나 성격에 '투사' 시키거나 '객
관화 시키는objectify' 경향이 있다. 내가 X는 선하다고 말하거
나 믿는 데 있어서 나는 실제로는 X 자체에 어떤 객관적인 특
성을 부여하고 있는 것이다. 그리하여 우리는 그런 행위들 및
성격들이 객관적이고 본래적으로, 매우 판명한 도덕적 특성을
가지고 있는 것처럼 생각한다. 비록 실제로 그러한 특성은 X에
서 발견되지 않음에도 불구하고 말이다. 결국 어떤 행위나 성
격으로부터 느끼는 시인이나 비난의 감정은 우리의 주관이 대
상에 투사한 허구적인 감정이라고 볼 수 있다. 이런 점에서 덕
과 악은 제2성질과 유사하다. 검거나 푸른 색깔이나 달콤하거
나 쓴맛의 성질은 대상 자체가 가지고 있는 성질은 아니다. 그
러나 우리는 그러한 성질을 대상에 투사하거나 객관화시킴으

로써 대상이 푸르거나 달콤하다고 판단한다.

　여기서 도덕적 진술의 의미는 객관주의에서의 그것과 동일한 것으로 간주된다. 즉 어떤 행위나 성격이 나쁘다고 말할 때, 그것은 그러한 성질이 그 행위나 성격에서 감각된다는 의미로 이해된다. 이것은 도덕적 진술의 일상적 사용에서 흔히 받아들여지는 의미이다. 그러나 흄에 있어서 그러한 도덕적 성질은 실제로는 허구적인 것이다. 즉 도덕적 감정의 투사에 의해 대상에 부여된 성질인 것으로 이해된다. 이러한 이해는 또한 기술설 및 이모티비즘의 난점을 피하면서 동시에 도덕적 판단을 하는 데 있어서 감정의 중요성을 강조할 수 있다. 흄의 적절한 지적처럼, 일정한 느낌이 없이 도덕적 판단과 같은 것은 있을 수 없을 것이다. 이런 의미에서 도덕성은 느낌의 문제이지 이성의 문제가 아니다. 이렇듯 내가 실제로 느끼는 것이 도덕적 판단을 결정하며, 그 판단이 다른 근원을 가지고 있지 않다면, 그것은 추론에 의해 도달될 수 있는 어떤 것이 아닐 것이다. 이런 점에서 그 판단은 느낌의 표현이라고 볼 수 있다. 그러나 기술설에서 주장하듯이 내가 그러한 느낌을 가지고 있다는 결과에 대한 보고는 아니다. 오히려 그것은 어떤 행위나 성격에 대한 특정한 성질(덕 또는 선함)의 부여이다. 비록 실제로 행위나 성격에 그러한 특성이 없을지라도, 우리가 그것들을 바라봄으로써 얻는 느낌은 우리를 그렇게 하도록 이끈다. 이렇듯 도덕

적 판단의 수용이나 주장은 하나의 반응이거나 느낌의 결과이
다. 그러나 그것은 이모티비즘이 주장하는 것처럼 단순히 울부
짖음이나 환호처럼 느낌을 표현하는 것이 아니다. 우리는 주장
을 하는 형태로 느낌을 표현하지, 우리 자신의 마음의 내용에
대해 단순히 표현한다고 볼 수는 없다. 이런 점에서 우리의 도
덕적 판단을 우리의 인과적 판단과 마찬가지로 일종의 '투사
물'로 보는 것은 우리의 도덕 현상에 대한 설득력 있는 설명이
될 것이라 생각된다.

　스트로드는 도덕적 판단에서의 이러한 투사적 성격을 흄의
인식론에서의 인과적 판단과 비교하여 설명한다.[8] 그에 따르
면 도덕적 판단은 이성에 의해 추론되는 사실의 문제가 아니라
는 점에서 인과관계에서의 필연성과도 유사하다. 우리는 어떠
한 개별적인 사례에서도 한 사건에 다른 사건이 반드시 뒤따른
다고 하는 필연성을 관찰할 수 없다. 또한 우리는 두 사건들이
필연적으로 결합되어 있다는 결론을 관찰된 것으로부터 타당
하게 추론해낼 수 없다. 이와 유사하게 우리는 어떤 행위나 성
격에서 도덕적 특성들을 관찰할 수 없으며, 우리가 관찰한 것
으로부터 문제의 행위나 성격이 어떤 도덕적 특성을 가졌다는
결론을 타당하게 추론해낼 수 없다. 그러나 우리는 사건들이
필연적으로 결합되어 있다고 믿으며, 이와 유사하게 도덕적 판
단에 도달한다. 즉 우리는 단순히 한 행위나 성격을 관찰하고

는 즉시 그것이 선하거나 악하다고 단언한다. 이것은 우리에게서 발생하는 명백한 현상이지만 그렇다고 이것이 관찰을 통해 얻은 어떤 것을 보고하는 것이거나 아니면 관찰한 것으로부터 어떤 행위가 악하다는 결론에 도달하는 이성의 추론 과정을 거친 결과를 진술하는 것은 아니다. 이것은 필연성의 경우에도 마찬가지이다. 우리는 두 사건 사이의 관찰된 관계들을 뛰어넘어서 진행함으로써, 그리고 경험이 제공하는 근거들을 뛰어넘어서 진행함으로써, 두 사건이 필연적으로 결합되어 있다는 신념에 도달한다.

맥키는 도덕적 판단과 인과적 판단과의 유사성에 관한 스트로드의 입장과 의견을 같이하면서, 더 나아가서 "여기서 가정된 투사 또는 객관화의 과정은 '외부 대상에로 확산되려는 인간의 마음의 거대한 경향성'의 한 사례가 될 것이다."[9]라고 말하고 있다. 즉 도덕적 판단에서 일어나는 투사 또는 객관화는 흄이 《논고》 1권 4부에서 외부 세계의 존재에 대한 일상적 신념 및 철학적 견해의 분석을 통해 도달한 결론을 지지하고 보충하는 하나의 사례가 된다는 것이다. 흄은 외부의 세계가 우리의 감각과 독립해서 지속적으로 존재한다고 하는 생각은 궁극적으로 상상력의 허구에 지나지 않는다는 회의론적 결론을 내린다. 나아가서 이러한 허구적 신념을 가능케 하는 것으로 '인간의 마음의 거대한 경향성',(T 167) '동물적 정신의 성향'(T

211) 또는 '자연적 본능이나 선입관'(E 108)을 들면서, 인간의 본성에 있어서 '이성에 대한 정념의 우위'를 근본 논제로 하는 적극적인 결론에 도달한다.《논고》3권, 도덕론에서의 흄의 근본 입장도 역시 이러한 회의주의와 자연주의라는 두 근본 논제에 포함되는 것으로 이해될 수 있다. 다시 말해서 도덕적 판단에서의 투사의 특성은 이미 인식론적 논의에서 제시된 바 있는 상상력의 거대한 경향성의 한 사례로 볼 수 있다는 것이다.

흄이 투사 이론을 주장했다고 해석할 수 있는 가장 좋은 근거는 그 자신의 적합한 표현들이 많이 있다는 점이다. 단적인 예로서 흄의 다음과 같은 표현을 들 수 있다.

이성과 취향의 뚜렷한 경계과 임무는 쉽게 확인된다. 전자는 진리와 오류에 관한 지식을 전달한다. 후자는 아름다움과 추함, 악과 덕의 감정을 제공한다. 전자는 대상을 조금의 더함이나 뺌이 없이 실제로 자연에 존속하는 것으로 인식하게 해준다. 후자는 생산적인 기능을 가진다. 그리하여 모든 자연적 대상들을 내적인 감정에서 빌려온 색깔들로 칠하고 입힘으로써 어떤 면에서는 새로운 창조물을 만들어낸다.(EPM 294)

이 해석의 또 다른 강점으로서 맥키는 이러한 해석을 통해 드러나는 흄의 견해가 대체로 옳다는 점을 든다. 즉 흄의 설명은 다음의 것들과 잘 조화된다는 것이다. 첫째로 도덕적 진술은 문어상으로나 담화상으로나 단순히 참이거나 거짓일 수 있는 것으로 일상적으로 인정되고 있다는 사실과 잘 조화된다. 둘째로 이들 진술들이 본래적으로 행위지도적인action-guiding 것으로 간주된다는 사실과 잘 어울린다. 즉 도덕적 진술은 단지 듣는 사람의 어떤 욕구나 경향성의 소유에 우연하게 기대는 것이 아니라 정언명법을 발언하는 것으로 받아들여진다는 사실과 잘 조화된다. 셋째로 흄이 강조하여 주장했듯이, 미적 판단에서와 마찬가지로 도덕적 판단에 가로놓여 있는 본질적인 사실은 사람들이 다양한 감정들을 가진다는 것, 또는 사람들 간에 감정들의 체계가 있다는 것이며, 흄의 투사 이론은 이러한 논제와 일치한다.


## 5. 도덕과 자연주의

필자는 지금까지 도덕적 판단에 관한 흄의 견해를 3절에서 개괄적으로 살펴보았고, 이에 앞서 2절에서 행위에 관한 이론을 간략히 소개했다. 이는 3절의 논의가 2절의 내용에 의존하고 있기 때문이다. 4절에서 이러한 흄의 견해가 현대의 메타윤리학의 입장에서 다양하게 해석될 수 있음을 보였다. 그러나 앞서 지적한 바와 같이 이 중 어느 것도 흄 자신이 표현한 것들과 정확하게 일치하지 않는다. 이에 대해 흄은 현대의 윤리학자가 아니었고 때문에 그러한 현대적 윤리설을 정형화시킬 수 없었던 것은 당연하며, 그럼에도 불구하고 비록 혼동되어 있고 미흡하나마 현대적인 윤리설들의 단초를 보인 데에서 그 의의를 찾을 수 있다고 이해할 수도 있을 것이다. 그러나 필자는 흄이 현대의 메타윤리학의 견지에서 윤리적 진술에 관한 의미론적 분석을 시도하고자 했다는 시각에서 탈피하여 이와 상이한 시각에서 흄을 해석하고자 했다. 즉 흄 자신이 《논고》를 저술할 시기에 가지고 있었던 근본 의도에 입각해서, 그리고 이 의도가 1권, 2권, 3권을 통하여 일관되게 실행되었다는 관점에 입각해서 흄의 도덕론을 이해하고자 했다.

이렇게 흄의 도덕론을 전체와의 관련에서 이해하고자 할 때 문제가 되는 것은 이 절에서 다룬 도덕적 판단에 관한 흄의 설명이 다른 것들에 비해 명료하지 않고 거칠다는 것이다. 실제로 《논고》 1권에서 나오는 인과적 필연성에 관한 설명이나, 외부 세계의 존재에 대한 신념의 분석에서, 흄은 자신의 관념의 이론에 따라 인상과 관념을 구별하여 이것들에 대응되는 것들을 지적하고 있다. 즉 우리의 일상적 관념에는 인과관계에 있어서의 필연성의 관념, 즉 필연적 결합necessary connection의 관념이 있음을 밝히며, 외부 세계의 존재에 대해서는 이것의 지속 판명한 존재continuous and distinct existence의 관념이 있음을 밝힌다. 그러나 도덕적 구별 혹은 도덕적 판단에 있어서는 이에 대응되는 관념을 지적하고 있지 않다. 단지 어떤 행위 또는 성격의 관망으로부터 얻는 느낌이나 인상만을 가지고 우리의 도덕적 신념들을 설명하고자 할 뿐이다. 필연적 결합의 관념이나 지속적이고 판명한 존재의 관념은 이것을 일으킨 인상들에 상상력이 작용하여 얻어진 것으로 흄은 설명한다. 이것은 귀납추리에서의 비약과도 같은 것이다. 그러나 도덕적 판단에 관한 설명에서는 이러한 상상력의 작용에 대한 언급이 없다. 따라서 논의가 모호하고 거칠다.

그러나 흄을 논리실증주의적 시각과는 달리 자연주의자로 이해한 최초의 해석자인 캠프 스미스는 이런 문제를 이해할 수 있는 좋은 단서를 제시하고 있다.[10]

그에 따르면 '인간학'의 탐구 저변에 흐르고 있는 흄의 일반적인 노선은 '인간은 자신의 느낌에 기초하여 불가피하게 그리고 아주 자연적으로 실제로는 존재하고 있지 않는 다양한 성질들을 세계에 투사한다.'는 생각이라는 것이다. 이러한 생각은 그의 선배인 허치슨의 도덕이론에서 얻어낸 것이며, 이것이 《논고》 3권에 뚜렷이 나타나 있다는 것이다. 따라서 아마도 1, 2권에 앞서 3권이 가장 먼저 쓰였으리라는 것이 캠프 스미스의 견해이다. 그렇다면 도덕적 판단에 관한 흄의 설명이 인식론에서의 설명보다 상대적으로 거칠고 조잡하다는 사실이 잘 이해된다. 흄은 도덕에서의 이러한 고찰을 지식의 영역에로 확장시켜나갔으며, 그러면서 그의 초기의 사고가 점차 세련되겠을 것이다. 특히 인과적 사고 및 추리에 관해 고찰하면서 초기에 인상이나 느낌에 대한 관심으로부터 점차 신념belief 및 이 신념의 내용을 결정하는 관념idea의 중요성을 깨닫게 되었을 것이다. 그러면서도 그의 기본 입장, 즉 '이성이 아니라 정감이 인간의 생활에 있어서 지배적인 요인' 이라는 생각은 그의 전 저작을 통하여 일관되게 유지되고 있다는 것이 필자의 견해이다.

# 8 종교

## 1. 종교적 신념에 대한 흄의 자연주의적 탐구

이 책의 서두에서 개략했듯이, 흄 철학의 핵심은 무엇보다 그의 '자연주의'에 있다. 그리고 그의 자연주의는 '자연주의 프로그램'(뉴턴적 프로그램, 또는 흄 자신의 표현으로, 인간학)이라는 말로 이해될 수 있다. 이 탐구 프로그램은 한마디로 인간 마음의 다양한 작용들, 즉 사고하고, 추론하고, 믿고, 느끼는 등등의 활동들이 어떻게 일어나는가를 인간의 자연적 성향 혹은 본능에 기초해서 설명하는 것을 과제로 삼는다. 이러한 자연주의 프로그램은 《논고》 1권과 《탐구》에서 주요 신념들(인과성에 관한 신념, 외부 대상의 존재에 관한 신념, 그리고 자아에 관한 신념)에 관한 설명을 통해 전개된다.

　또한 바로 앞 장에서 필자는 흄의 자연주의 프로그램이《논고》1권의 인식론적 논의에서와 마찬가지로 3권의 도덕론에서도 일관되게 적용되고 있음을 살펴보았다.《논고》3권에서 흄은 도덕적 관념의 발생적 설명을 요구하는 물음을 던진다. 즉 '어떻게 해서 우리는 도덕적 관념을 가지게 되는가?' 하고 묻는다. 흄이 이런 자신의 물음에 답하는 과정은 그의 인식론적 탐구 방식과 매우 흡사하다. 즉 흄의 탐구는 회의론적 측면을 가지며, 이 회의론에는 이성에 대한 회의와 감각에 대한 회의가 포함된다. 또한 흄의 자연주의 프로그램은《논고》3권에서 도덕적 관념을 도덕감과 공감과 같은 자연적 본성 개념에 기초해서 설명하고 있다. 도덕적 관념은 도덕감이라는 정념(반성 인상)에서 나오며, 이 개인적인 감정이 어떻게 보편적인 도덕 관념을 형성하는지를 설명해주는 것이 '공감'이라고 하는 심리적 기제인 것이다. 이렇게 보면 흄은 무엇보다도 '자연주의자'이며 다른 말로 '인간 본성주의자'가 된다.

　이 장에서는 흄이 관심을 가졌던 또 다른 탐구 영역에서, 즉 종교에 관한 흄의 고찰 속에서 그의 자연주의 프로그램을 확인하고자 한다. 이는 결국 '신의 존재'를 둘러싼 몇 가지 종교적 신념들에 대한 흄의 자연주의적 설명을 확인하는 일이다. 흄이 종교에 관해서 논의한 주제들은 다양하다. 그중에서 대표적인 것은 신의 존재에 관한 목적론적 논증, 기적, 도덕과의 관계, 종교적 신념과 자연적 신념에 관한 논의가 될 것이다. 그러나 이러한 주제들 가운데 가장 영향력이 큰 것은 역시 첫 번째 주제인 목적론적 논증에 관한 흄의 논의이다. 이 절에서는 이 논증에 초점을 맞출 것이다. 흄의 목적론적 논증에 관한 논의는 주로 《탐구》 11절과 《자연 종교에 관한 대화》(이하 《대화》)에 집중되어 있다. 이 장에서는 《탐구》 11절의 내용에 한정해서 흄의 논의를 살펴볼 것이다.

목적론적 논증에 관한 흄의 논의로 들어가기 전에 몇 가지 주목할 점이 있다. 먼저 이 장의 주된 텍스트가 되는 《탐구》 11절과 이와 관련되는 같은 책의 10절과의 관계를 보면, 한마디로 11절은 10절과 상보적인 관계에 있다. 10절은 계시 종교를 지지하는 기적의 발생에 관해 다루고 있다. 여기서 흄은 기적의 발생을 입증해주는 적절한 증거가 있을 수 없음을 지적하며, 이렇게 함으로써 계시 종교의 주된 근거를 부정한다. 11절은 계시 종교에 대비되는 종교인 자연 종교의 체계를 비판한다. 결국, 10절에서의 계시 종교의 비판은 자연 종교의 신빙성을 약화시킬 것이며, 또한 11절에서의 자연 종교의 비판은 자연스럽게 계시 종교의 입장에 대해서 부정적인 영향을 미칠 것이기에 이 두 개의 절은 상호 보완적이다. 둘째로, 《탐구》 11절은 《대화》의 예고편과도 같은 성격을 지닌다. 즉 11절은 《대화》에서 총 12장에 걸쳐 목적론적 논증을 상세히 비판하는 작업에 들어가기 위한 예비적인 고찰로서의 의의를 지닌다고 할 수 있다.


## 2. 논의의 배경

《탐구》 11절의 제목은 "특수 섭리와 내세"로 되어 있다. 특수 섭리와 내세에 대한 믿음을 옹호하는 사람들은 먼저 신의 존재를 확립해야 한다. 그리고 이 신이 완전성(전지·전능·지선)의 속성을 지닌 존재임을 입증해야 할 것이다. 그런 다음에야 비로소 특수 섭리의 사실과 내세의 믿음이 정당화될 수 있을 것이다. 그러므로 특수 섭리와 내세에 대한 믿음은 일차적으로 신의 존재 확립에 의존할 것이다. 이러한 신의 존재를 정당화하는 논증은 일반적으로 세 가지 방식으로 이루어진다. 존재론적 논증, 우주론적 논증, 목적론적 논증(또는 디자인 논증)이 그것이다. 이 가운데서 현재의 논의에 관련되는 것이 바로 목적론적 논증이다.

목적론적 논증은 신의 존재를 확립하면서 동시에 신의 속성들(전지·전능·지선)까지 정당화한다. 왜냐하면 이 논증은 이 세상에서 관찰될 수 있는 자연물 및 인간 사회의 질서와 조화, 아름다움, 선함에 기초해서 이것을 설계한 지적이며 전능하고 지극히 선한 신의 존재를 추론하는 논증이기 때문이다. 흄은《탐구》11절에서 이러한 목적론적 논증의 정당성을 검토함으로써 이것에 의존하는 특수 섭리와 내세에 대한 믿음이 정당하게 받아들여질 수 있는지를 따진다. 이렇게 보면 11절에서 논의의 중심은 목적론적 논증의 정당성 여부에 있겠다.

이제 11절에 나타난 논의의 개략을 살펴보자. 흄은 먼저 자신의 친구를 에피쿠로스의 대변자로 등장시킨다. 이 친구의 입을 빌어 흄은 목적론적 논증의 내용을 확인하고 이에 대한 비판을 제시한다. 첫 번째 비판은 이 신은 매우 제한된 신이라는 것이다. 왜냐하면 목적론적 논증은 주어진 결과 이상의 것을 원인에 부여하고 있는 오류를 범하고 있는데, 이것을 고려하면, 이 논증에서 타당하게 인정될 수 있는 신은 현재 관찰될 수 있는 그 정도의 질서와 선함만을 알고 고려하는 그러한 신에 불과하지, 전지 · 전능 · 지선의 신은 못 된다는 것이다.

이런 비판에 대한 가능한 반론은 흄 자신의 입을 통해 제시된다. 우리는 일상생활에서 경험에 기초하여 그러한 추론을 행한다는 것이다. 반쯤 지어진 건물을 보고 그 건물이 완성될 것이라고 추론하며, 바닷가 모래밭에 찍힌 사람 발자국 하나를 보고, 또 다른 하나의 발자국이 있었을 것이라고 추론한다는 것이다. 이런 추론은 당연히 받아들이면서 왜 동일한 추론을 신의 존재와 이 신의 섭리 및 내세에 관한 믿음에 적용시킬 수 없는가를 흄은 묻는다.

이에 대한 흄의 친구, 즉 에피쿠로스의 대변자의 반론은 비교하고 있는 논의의 대상들에 큰 차이가 있기 때문에 유비가 매우 약하다는 쪽으로 대답의 방향을 잡는다. 건물이나 사람 발자국은 그야말로 사람에 의해 만들어진 것들, 즉 이런 의미에서의 인공물이다. 또한 이것들에 대해서 우리는 과거의 많은 경험 사례를 통해 알고 있다. 그러나 신은 인공물이 아니며, 이 신에 대해서 우리는 직접 경험한 바가 없다. 그렇기에 이 신은 그저 결과들을 통해서만 추론할 수 있는 대상인 것이다. 따라서 인공물과 신과의 유비는 매우 약하다는 것이다.

흄은 이러한 반론을 어느 정도 인정하면서 한 가지 보충적인 지적으로 11절의 논의를 끝마친다. 그런데 이 지적은 흄 친구의 논증을 더욱 강화시켜줄 수 있는 그런 종류의 것이다. 당대 종교철학자들의 목적론적 논증은 자연이라는 유일한 결과에 기초하여 신이라고 하는 유일한 원인을 추론하고 있다. 그런데 이것은 정당한 인과추리의 요건을 어기는 것이라는 지적이다.

이렇게 요약되는 흄의 논의를 그의 텍스트에 기초하여 구체적으로 살펴보기에 앞서 주의해야 할 점이 한 가지 있다. 11절의 스타일에 관한 것이 그것이다. 즉 흄은 《탐구》의 다른 절에서와는 전혀 다른 스타일로, 즉 대화체로 이 절을 이끌어가고 있다. 흄은 11절을 다음과 같은 말로 시작한다. "나는 최근에 회의적 역설들을 좋아하는 한 친구와 대화를 가졌다. 그 대화에서 그는 많은 원리들을 제시했는데, 나는 이것들을 결코 승인할 수는 없지만, 이것들이 흥미롭고 또한 현재의 탐구 전반에 걸쳐 수행되고 있는 일련의 추론에 어떤 관련을 가지는 듯이 보이기에, 여기서 가능한 한 정확하게 그것들을 내 기억 속에서 옮겨볼 것이다. 그럼으로써 그 원리들에 대해 독자의 판단에 맡기기 위해서 말이다."(E 132) 이러한 대화체로의 진행이 보여주는 단적인 사실은 무엇인가? 그것은 흄 자신이 이 절에서 다루는 내용의 심각성을 잘 알고 있었다는 사실이다. 그는 목적론적 논증을 검토함으로써 사실은 기독교의 핵심을 공격하고 있는 것이다. 따라서 흄은 당시의 매우 민감한 주제인 기독교의 근본 문제들을 친구의 입을 빌어 지적해냄으로써 자신이 이 글을 통해 져야 할 부담을 덜고자 한 것이다. 흄은 이 대화에서 배경이 되는 시대와 장소를 고대 그리스의 아테네로 설정하고 있다. 즉 흄은 당시의 민감한 종교 상황을 의식하여 일부러 먼 옛날 먼 장소를 설정한 것이다. 또한 대화에서 열띤 주장을 내놓는 주역을 자신의 친구가 맡게 하고 있으며, 자신은 다소 수동적인 역할, 즉 웅변을 듣는 아테네인들을 대표하는 역할을 맡고 있다. 나아가서 주된 공격의 대상이 되는 신도 기독교의 신이 아니라 주피터이다. 이러한 대화의 상황과 역할

설정에서 우리는 흄의 용의주도함과 신중함을 엿볼 수 있다. 그의 청년기의 저서《논고》에서 보이는 대범함, 신랄함 및 경솔함은 이 후기의 글에서는 찾아보기 힘들다. 이런 것들은 모두 흄이 11절에서 다루는 주제의 시대적 민감성과 밀접한 관계가 있는 것이다.


## 3. 목적론적 논증

《탐구》11절에서 흄은 목적론적 논증을 "신성한 존재를 지지하는 주된 혹은 유일한 논증"(E 135)이라고 기술한다. 물론 이것이 유일한 형태의 논증은 아니다. 존재론적 논증이나 우주론적 논증도 있기 때문이다. 그러나 경험론자로서 흄은 선천적 논증인 존재론적 논증을 인정하지 않을 것이며, 또한 우주론적 논증은 이미 흄이 제시한 인과추리의 정당성에 관한 회의론을 통하여 함축적으로 부정되었다고 볼 수 있기에, 이런 의미에서 흄에게 남아 있는 유일한 논증은 목적론적 논증이라고 볼 수 있다.


### (1) 자연의 질서

먼저 흄에 따르면, 목적론적 논증이란 우리에게 관찰되는 자연의 질서와 조화에 기초해서 이것을 설계한 지적인 디자이너(설계자)를 결과로서 이끌어내는 논증이다. 흄은 다음과 같이 목적론적 논증을 설명한다. "〔종교철학자들은〕우주의 질서 및 아름다움, 지혜로운 배열을 지극히 장엄한 색깔로 묘사한다. 그러고는 이렇게 묻는다. 그토록 영광스런 지성의 표현물이 원자들의 우발적 집합으로부터 진행될 수 있는가, 또는 가장 위대한 천재라도 결코 충분히 찬미하지 못할 그러한 것을 과연 우연이라는 것이 산출할 수 있을까."(E 135) "당신들은 제작물이 보이는 질서에 기초해서 제작자에게 기획과 배려가 있었음에 틀림없다고 추론한다."(E 135~136)

이러한 목적론적 논증은 오랜 역사를 가진다. 우리는 《성서》에서 이런 논증의 뚜렷한 흔적을 발견할 수 있으며, 또한 이 논증은 고대 그리스의 철학적 일신론에서 중요한 역할을 하고 있다. 중세 서양에서 이 논증은 토마스 아퀴나스의 다섯 번째 길 the Fifth Way로서 출현한다. 18, 19세기에 이 논증은 타당한 논증으로 당연히 받아들여졌으며, 심지어 20세기에서조차 이 논증은 상당한 부흥기를 누렸다.

이 논증의 특징들을 살펴보자. 무엇보다 흄에 있어서 이것은 경험적인 추론, 다시 말해서 개별적인 관찰 사례들에 대한 감각경험에 기초한 추론이다. 목적론적 논증은 우리가 경험하는 개개의 질서 있고, 조화로운 현상들에서 출발하고 있다는 말이다. 나아가서, 이 논증에서 이루어지는 우리의 추론은 관념들의 관계relations of ideas를 따지는 추론이 아니라 사실 문제 matters of fact에 관한 추론이다. 그러나 더욱 중요한 것은, 위의 목적론적 논증은 이러한 감각경험에 기초한 사실 문제에 관련된 추론이지만, 이것은 현재의 감각경험에서 출발하여 현재의 경험을 넘어서는 사실 문제에 관한 추론이라는 사실이다.

이제 흄에 있어서 이러한 추론은 모두 인과추론이다.[11] 즉 흄에 따르면, 위의 목적론적 논증은 크게 보아 인과추론의 일종이라는 말이다. 나아가서 이러한 의미에서의 인과추론은 흄에게 있어 결국 이것이 귀납추론과 꼭 같은 것이 된다. 다시 말해서 인과추론은 우리의 감각경험의 범위를 넘어서는 미래, 과거 또는 현재의 사건들에 관한 신념들을 포함한다. "내일 태양이 떠오를 것이다",(E 26) "시저는 3월 15일에 원로원에서 살해되었다."(T 83)고 하는 신념(추론을 포함하는 신념), 또는 한 사람이 자기와 떨어져 있는 친구에 대해 "그가 이 나라에 있거나 또는 프랑스에 있다."(E 26)고 하는 신념들이 그 예들이다. 이것들은 결국 귀납추론을 통해 도달한 결론들이며, 이렇게 보면 인과추론이란 귀납추론과 같은 것이 된다. 귀납추론과 인과추론이 모두 현재 경험을 넘어선 사실 문제에 관한 추론이라는 의미에서 말이다.[12]

이렇게 본다면 우리는 이 논증에 관한 흄의 비판이 어떤 모양의 것이 될지를 앞서 점쳐볼 수 있다. 두 가지의 검토 방향을 생각할 수 있다. 첫째로 목적론적 논증이 경험적 추론이니만큼 흄의 ‘관념 이론theory of ideas’에 기초해서, 즉 ‘모든 관념은 이에 선행하는 인상에서 온다.’고 하는 흄의 경험론의 원리에 기초해서(T 1~7), 목적론적 논증의 결론인 신의 존재에 대한 관념을 거절할 수 있을 것이다. 둘째로, 인과추론 또는 귀납추론이 가지고 있는 문제점을 지적함으로써 흄은 목적론적 논증의 정당성을 약화시킬 수 있을 것이다. 그러나 《탐구》 11절에서 실제 진행되는 비판은 그렇지가 않다. 왜 그럴까? 그 답은 어렵지 않다. 이러한 문제는 흄의 인식론적 논의의 중심으로서 종교적 논증들 또는 신념들을 다루기 전에 이미 다루었기 때문이다. 흄의 주저 《논고》와 《탐구》의 중심 주제들 가운데 하나가 바로 인과성의 문제이며, 이것을 다루기 위한 방법론적 도구가 되는 것이 바로 ‘관념 이론’이기 때문이다. 또한 신의 존재를 입증하는 논증 유형들 가운데 인과추론에 직접 의존하는 논증은 무엇보다 우주론적 논증이다.[13]

그렇다고 해서 인과추론 및 귀납추론이 목적론적 논증에서 논의될 필요가 없다고 보면 잘못이다. 목적론적 논증은 앞서 밝힌 이유에서 인과추론에 의존하며―이런 의미에서 목적론적 논증은 그 자체가 우주론적 논증에 의존한다―이 점을 인식하는 것은 중요하다. 아래에서 살펴보겠지만, 흄의 논의는 마지막까지 인과추론의 문제와 밀접하게 관련되기 때문이다. 다만 흄에게 목적론적 논증에서 본격적으로 다룰 만한 것으로 남아 있는 것은 유비추리의 문제이며, 따라서 흄은 이것을 중심으로 논의를 진행하고 있다.

### (2) 유비의 문제점

에피쿠로스를 대변하는 친구의 입을 통해 제시된 위의 목적론적 논증에 대한 비판은 먼저 한 가지 원리로부터 출발한다. "우리가 어떤 결과로부터 어떤 특정한 원인을 추론할 때, 우리는 결과에 비례해서 원인을 설정해야 하며, 결과 산출에 딱 맞는 것 말고 〔그 이상의〕 그 어떤 성질도 부여해서는 안 된다",(E 136) "원인은 반드시 결과에 적정한 비례로 설정되어야 한다."(E 136)는 것이 그 원리이다. 앞서 인용한 논증은 특정한 결과의 존재에서 출발하여 이것을 낳기에 충분한 어떤 원인 쪽으로 진행한다. 그렇다면 그 원인은 오직 결과를 통해서만 알려질 수 있을 뿐이다. 그러므로 우리는 그 결과를 낳는 데 요구되는 것 이상의 성질들을 그 원인에 부여해서는 안 될 것이다.

이 원리는 두 가지 예를 통해 설명된다. 그 첫 번째가 접시저울의 예이다. "접시저울에 놓인 10온스의 물체가 올라갔다는 사실은 상대 저울추의 무게가 10온스를 초과한다는 것을 입증해줄 수 있지만, 그러나 이것이 그 상대 저울추의 무게가 100

을 초과한다는 주장의 근거는 결코 될 수 없다."(E 136) 예를 조금 바꾸어 설명해보자. 무게 40킬로그램의 갑돌이가 시소를 탄다고 가정해보자. 이 갑돌이의 시소 상대가 되는 친구들은 여럿이다. 이제 갑돌이는 눈을 가리고 시소 위에 앉아 있고, 여럿의 친구 가운데 한 명이 맞은편에 앉는다. 그때 갑돌이의 몸이 위로 솟았다고 한다면, 갑돌이는 그 상황에서 맞은편 상대에 대해 어떤 추론을 할 수 있을까? 기껏해야 상대방이 자신의 몸무게인 40킬로그램을 넘는다는 사실만을 추론할 수 있을 것이다. 만일 갑돌이가 자신의 몸이 치솟는 것에 근거하여 상대방이 자기의 단짝인 몸무게 60킬로그램인 철수라고 추론한다면, 이러한 추론은 정당화되지 못할 것이다. 흄이 지적하듯이, "이는 그저 추측의 권한을 즐기는 것에 지나지 않으며, 근거나 권한 없이 여러 성질들과 힘들의 존재를 임의적으로 추정하는 것에 지나지 않다".(E 136)

두 번째 예는 고대의 유명한 화가인 제욱시스의 그림에 관한 것이다. "아무도, 그저 제욱시스의 그림들 가운데 하나를 본 것 가지고, 그가 조각가나 건축가이기도 했다거나, 색상에서만큼 돌이나 대리석에서도 기술이 뛰어난 예술가였다는 것을 알 수 없다. 우리 앞에 있는 특정한 작품에 드러나 있는 그만큼의 재능이나 취향만을 그 제작자가 소유하고 있다는 결론만이 우리가 내릴 수 있는 안전한 결론이다."(E 136)

이러한 예들을 살펴본 후 에피쿠로스를 대변하는 흄의 친구
는 신을 믿는 근거로 제시된 목적론적 논증의 경우를 살펴본
다. 이 경우에도 신이 갖기로 되어 있는 능력이나 지성, 선함은
이 세상이 보여주는 만큼의 것들만이 되어야 할 것이다. "그러
므로 신들이 우주의 존재와 질서의 창조자들임을 인정한다고
해도, 이로부터 추론되는 것은 그들이 자신들의 솜씨에서 보이
는 정확히 그만큼의 능력과 지성, 자애만을 소유한다는 명제일
뿐이다."(E 137) 즉 전통적 기독교의 신 개념은, 즉 전능하고 전
지하고 지선한 존재로서의 신은 우리가 자연 세계 또는 인간
세상에서 관찰하는 것들로부터는 정당하게 추론될 수 없다는
것이다. "그 이상의 어떤 것도, 논증과 추론의 결함들을 보충
하기 위해 과장과 아첨의 도움을 얻지 않고서는 결코 입증될
수 없다."(E 137)

친구의 입을 통해 제시된 이러한 반론의 결론은 이렇다. 즉
목적론적 논증이 지지할 수 있는 신은 아주 제한된 신 혹은 신
들에 불과하지, 그 이상의 전지 · 전능 · 지선한 신은 되지 못한
다는 것이다. "그 이상의 속성들을 상정하는 것은 순전한 가정
일 뿐이다."(E 137)

이런 '순전한 가정mere hypothesis'에서 한 단계 진행한 것이
바로 신의 섭리와 내세에 관한 믿음이다.[14] 신의 믿음을 가진
사람들은 먼저 우주라는 결과로부터 그 원인으로서의 신에로

거슬러 올라간다. 그 과정에서 원인의 속성은 부풀려져서 완전함의 개념을 얻는다. 그런 다음에 신을 믿는 사람들은 그러한 부풀려진 원인에서 다시 밑으로 내려와 부풀려진 새로운 결과에 도달한다. 이것들의 대표적인 예가 바로 섭리와 내세에 대한 신념인 것이다. "결과로서의 우주로부터 거슬러 올라가 원인으로서의 주피터에 도달하고, 다시 아래로 거슬러 내려가 그 원인으로부터 그 어떤 새로운 결과를 추론하는 일은 우리에게 결코 허용될 수 없다. 마치 현재의 결과들은 이것들만으로는 그러한 신성에 부여되는 영광스런 속성들만큼의 가치가 없듯이 말이다."(E 137) 따라서 이것들 역시 정당화되지 못하는 믿음이다. 다시 말해서 신에게 완전함의 속성을 부여하는 것이 정당화되지 않는 '순전한 가정'이기에, 이것에 덧붙여진 신의 섭리와 내세에 관한 믿음은 더욱더 정당화되지 않는다. "하물며 먼 지역 먼 시기에 이런 속성들이 더 훌륭하게 전시되었던 적이, 그리고 그러한 상상적 덕들에 더욱더 적합한 통치 형태가, 과거에 있었거나 미래에 있으리라는 가정은 더 말할 나위도 없다."(E 137)

흄의 친구가 제시한 첫 번째 반론은 여기까지만으로 충분하다. 그런데 이어지는 논의에서 흥미로운 것이 있다. 즉 그것이 《논고》와 《탐구》의 중심 주제들을 다룰 때에 진행되는 것과 유사한 방식으로 진행되고 있다는 사실이다. 흄은 인과적 신념,

외부 세계의 존재에 관한 신념, 자아에 대한 신념의 이성적 근거를 묻고 이에 대해 회의적 결론을 내린다. 그러고 나서 그러한 신념들이 상상력에 근거함을 지적하고, 나아가서 어떻게 그러한 신념들이 상상력의 작용과 더불어 생겨나게 되는지에 대한 일종의 심리학적 설명을 제공한다. 그런데 이와 유사한 방식의 진행이 종교적 신념의 경우에도 이루어지고 있다. 즉 흄의 친구가 제시한 이제까지의 비판은 종교적 신념(신의 존재, 신의 완전한 속성, 섭리, 내세)에 대한 흄의 회의론이 된다. 특히 이 신념의 이성적 근거에 대한 비판이다. 왜냐하면 여기서 흄은 신에 대한 믿음을 정당화하는 이성적 논증인 목적론적 논증을 주요 대상으로 삼고 있기 때문이다. 이런 점에서 이상의 논의는 또한 신에 관한 신념에 대한 이성적 정당화의 불가능성을 보이는 회의론이기도 하다. 그렇기에 다음의 인용은 주의 깊게 읽을 필요가 있다.

    당신들은 자연에서 어떤 현상들을 관찰합니다. 당신들은 하나의 원인 혹은 창시자를 찾습니다. 당신들은 당신들이 그를 찾았다고 생각합니다. 그런 다음에 당신들은 이러한 당신 두뇌의 산물에 매료되어, 그는 결함과 무질서 투성이의 현 상태보다 더 위대하고 완벽한 어떤 것을 만들어내지 못한다는 것은 불가능하다고 상상합니다. 당신들은 다음의 사실을 잊고 있습니다. 이런 최고의 지성과 자애가 전적으로 **상상적**이라는, 아니면 적어도 **이성에 근거하지 않는다**는 사실을, 그리고 당신들은 그가 자신의 창조물들을 통해 발휘했고 보여주었던, 당신이 보고 있는 바의, 액면 그대로의 것 이외에 다른 어떤 성질들도 그에게 부여할 근거를 가지고 있지 않다는 사실을 잊습니다. (E 137~138: 고딕체 필자 강조)

나아가서 흄은 상상력이 개입되는 과정을 결과에서 원인으로, 다시 원인에서 결과로의 상승과 하강 과정을 통해 설명하고 있다는 점도 주목할 만하다.

누가 그들을 천상계로 데리고 갔고, 누가 그들을 신들의 모임에 참석시켰고, 누가 그들에게 운명의 책을 펼쳐 보여줌으로써 그들의 신들이 현실에 나타나 있는 것 이상의 어떤 목적을 실현시켰고 또는 앞으로 실현시킬 것이라고 성급하게 단언하도록 허락했습니까? 만일 그들이 이성의 계단을 따라, 즉 이성의 점진적인 상승을 통하여, 그리고 결과들로부터 원인들에로의 추론을 도입함으로써 올라갔다고 내게 답한다면, 나는 여전히 이렇게 주장합니다. 그들은 **상상**의 날개의 도움으로 이성의 승천을 이루었다고. (E 138: 고딕체 필자 강조)

마지막으로 목적론적 논증에 관한 흄의 논의에서 지적되어야 할 것이 있다. 흄의 목적론적 논증 비판의 귀결은 이 논증에서 지지되는 신은 매우 제한된 신이라는 것이었다. 이러한 결론을 지지하는 또 하나의 증거가 바로 악의 문제이다. 악이 존재한다는 것은 신의 완전함을 제한하는 결과를 낳기 때문이다. 흄이 목적론적 논증을 이러한 식으로 비판할 수 있음을 잘 알고 있었음을 보여주는 다음과 같은 구절이 있다. "그러므로 자연의 불충분한 현상을 설명하고, 신들의 명예를 지켜주려는 온갖 결실 없는 노력에도 불구하고, 우리는 이 세상 도처에 널려 있는 악과 무질서의 실재를 인정해야만 합니다."(E138)

### (3) 또 다른 문제점

흄은 목적론적 논증에 대한 친구의 이러한 비판에 대해 중요한 반대 논증을 제시한다. 흄은 이렇게 반문한다. 우리는 실제로 일상생활에서 목적론적 논증과 유사한 방식으로 추론하지 않는가? 즉 우리는 결과들을 보고 이것들에 기초해서 원인들을 이끌어내지 않는가?

만일 자네가 반쯤 지어진 건물과 그 주위에 벽돌과 돌 더미, 회반죽, 여러 벽돌공사 도구들을 본다면, 자네는 그런 결과로부터 그것이 설계와 계획의 산물임을 추론할 수 없겠는가? 그리고 이 추론된 원인으로 되돌아가서 결과에 새로운 보탬들이 있을 것임을 추론하고, 나아가서 그 건물이 곧 완성될 것이며, 거기에 예술이 제공할 수 있는 추가적인 손질이 있으리라고 결론지을 수 없겠는가?(E 143)

건물의 경우와 마찬가지로, 우리가 해변에서 사람의 발자국 하나를 보게 된다면, 우리는 당연히 어떤 사람이 그곳을 지나갔고 그 사람이 그 주변에 다른 발자국들도 남겼으리라고 생각할 것이다. "그렇다면 왜 자네는 자연의 질서에 대한 동일한 방법의 추론을 인정하길 거부하는가? 세계와 현세를 미완의 건물로 생각해보라. 이 건물로부터 자네는 더 우월한 지성을 추론할 수 있으며, 이러한 더 우월한 지성으로부터, 이것은 아무런 불완전한 것도 남길 리 없음을 논증할 수 있다. 왜 자네는 더욱더 진전된, 얼마간의 공간과 시간 내에 완성을 보게 될, 기획이나 계획을 추론할 수 없는가? 이런 추론 방법들은 서로 꼭 같지 않은가? 그리고 무슨 구실로 자네는 하나는 받아들이면서 다른 하나는 거절하겠는가?"(E 143)

우리는 현재 자연 세계의 질서를 관찰하고, 이로부터 이 질서를 기획한 신을 추론할 수 있다. 그리고 이 신의 완전성에 기초하여 이 완전한 신이 머지않아 현재보다 더 완전한 세상을 만들 것이라고 추론한다. 이러한 종교적 추론은 앞의 인용문에서 내놓은 건축물에 대한 일상적 추론과 차이가 없는 듯이 보인다.

이러한 흄의 반론은 유비추론의 성격을 띠고 있다. 즉 건축물에 대한 우리의 추론이 정당한 것이라면, 신의 완전성 및 섭리(신의 주제)와 내세(미래의 천년왕국)에 관한 추론도 정당화되지 않겠느냐는 논지를 펴고 있다. 유비추론에 기초해서 종교적 신념의 근본 대상에 대한 신념을 정당화하려는 시도는 18세기 말에 이름을 떨쳤던 윌리엄 페일리William Paley (1743~1805)의 목적론적 논증을 예견하는 듯이 보이기에 더욱 흥미롭다. 페일리는 시계와 시계 제작자와의 긴밀한 추론적 관계에 기초하여 신의 존재를 입증하고자 했다. 이것에 관해 간략히 살펴보자.

페일리는 다음과 같은 가정으로 논의를 시작한다. 그는 사막 한가운데를 걸어가다가 발끝에 차인 돌멩이 하나를 발견한다. 만일 어떤 사람이 그에게 이 돌멩이가 왜 거기 있을까를 묻는다면, 그는 그것은 그냥 거기에 있게 되었다고 답할 것이다. 그런데 그가 돌멩이가 아니라 시계를 하나 발견했고, 누군가 '이 시계가 왜 거기에 있을까' 하고 묻는다면, 그는 돌멩이의 경우와는 전혀 다르게 답할 것이다. 시계는 어떤 기능적 체계를 갖추고 있다. 이것을 구성하는 요소들(시곗바늘들, 내부의 크고 작은 톱니바퀴들)이 서로 정교하게 짜맞추어져서 하나의 기능, 즉 시간을 말해주는 기능을 하고 있다. 그러므로 이것이 그곳에 그냥 그렇게 있게 되었다고 생각하는 것은 지극히 비합리적이다. 시계의 기능적 조직을 고려한다면, 그 시계는 어떤 지성체에 의해 설계되어 제작되었음에 틀림없으며, 이것은 이것을 사용한 인간에 의해 거기에 운반되어진 것임에 틀림없다. 이러한 시계와 시계 제작자에 비유해서 현재 관찰되는 자연의 질서에 대해 이것을 설계한 설계자를 추론할 수 있다는 것이 페일리의 주장이다. 시계에서 보이는 기능적인 조직, 질서, 정교함 등이 자연 세계에서도 관찰될 수 있기 때문이다.[15]

이러한 유비추론의 문제점은 여러 가지로 지적될 수 있다. 그것 가운데 하나가 바로 흄이 자신의 친구의 입을 빌어 제시한 반론이다. 한마디로 유비되고 있는 두 개의 대상들 사이에 커다란 차이가 있다고 하는 지적이다. "그 주제들 사이의 엄청난 차이가 바로 내 결론들에서의 차이의 충분한 근거이네. **인간의** 기술과 고안의 결과들에서는 결과로부터 원인으로 진행하는 일이, 원인에서 되돌아와 결과에 관한 새로운 추론을 하는 일이, 그리고 그 결과에서 일어났을 혹은 일어나고 있을 변경들을 검토하는 일이 허용될 수 있네."(E 143) 건물과 같은 인공물의 경우 우리는 그 제작자에 대해 잘 알고 있다. 우리는 건물이 사람에 의해 지어진다는 사실을 잘 알고 있으며, 그 사람의 의도와 행태에 대해 수많은 경험을 통해 잘 알고 있다. 그러므로 반쯤 지어진 건물과 주변에 흩어진 자재들을 관찰하고, 이 건물을 짓는 사람에 대한 배경적 지식에 기초해서 우리는 이 건물이 조만간 완공되리라고 예측할 수 있다.

그러나 문제는 이 유비의 다른 한쪽에 있다. 즉 신에 대해서 우리는 경험적으로 아는 바가 없는 것이다. "사정은 자연이라는 결과물로부터의 추론과 동일하지 않다. 신은 오직 그의 생산물에 의해서만 우리에게 알려지며, 우주를 통틀어 단 하나의 존재이며, 그 어떤 종species이나 류genus에도 속하지 않는다."(E144) 그러므로 우리는 자연 및 인간 세계에서 보이는 지혜와 선함으로부터 그저 그만큼의 지혜와 선함을, 그리고 일정한 정도의 완전함으로부터 그 정도의 완전함을 추론할 수 있을 뿐이다. 우리는 세계가 보여주는 그 정도의 속성 이상의 속성을 추론할 수는 없다는 것이다. 만일 그러한 추론이 시도된다면, 그것은 "그 어떤 이성 혹은 논증에 의해서도 전혀 지지되지 못하며, 순전한 추측이며 가정이라고밖에는 받아들여질 수 없다".(E 145)

홈이 지적하는 또 다른 차이, 즉 유비되고 있는 대상들 사이의 차이는 이렇다. 건물의 경우에 우리는 수많은 경험을 통해 건물들과 이것들을 지은 사람들을 관찰할 수 있다. 그러나 자연 또는 우주의 경우는 다르다. 우주는 단 하나뿐이다. 종교인들은 이 단 하나뿐인 우주로부터 또한 단 하나뿐인 신을 추론하고 있다.

먼저 홈은 다음과 같은 원리를 제시한다. 즉 "우리가 하나에서 다른 하나를 추론할 수 있는 것은 오직 두 **종류**의 대상이 항상적으로 연접됨constantly conjoined이 관찰되었을 경우에만이다". 여기서 흄은 자신이 인식론적 주제들을 다룰 때 사용하던 중요한 개념, 즉 '항상적 연접constant conjuction' 이라는 개념을 도입하고 있다. 흄은 인과성의 관념을 분석하면서 이 관념에 관련된 세 가지 특징을 관찰한다. 근접성, 연속성, 필연적 결합이 그것이다. 원인과 결과는 시간·공간적으로 근접해 있고, 원인은 언제나 결과에 선행한다는 관찰이 앞의 두 가지에 해당한다. 세 번째 것인 필연적 결합에 관하여 흄은 더욱 주의 깊게 검토한다. 이 개념이 인과성의 관념을 형성하는 데 본질적이라고 생각했기 때문이다. 이러한 원인과 결과 사이의 필연적 결합을 면밀히 검토한 결과로 흄이 도달한 입장은 인과적 필연성에 대한 회의론이다. 그리고 이러한 '필연적 결합' 의 자리를 대체한 것이 바로 '항상적 연접' 이라는 관념이다. 다시 말해서 흄의 관찰에 따르면, 인과성이라는 관념에 포함되어 있는 필연성의 관념은 사실은 이것에 대응하는 감각인상을 가지지 못한다. 즉 인과적이라고 여겨지는 어떤 두 사건을 관찰할 때, 우리가 실제로 관찰할 수 있는 것은 원인이 되는 사건과 결과가 되는 사건이 '반드시 붙어 다닌다' 는 사실이 아니다. 오히려 우리는 이 두 사건들이 '변함없이 붙어 다닌다' 는 사실을 관찰할 뿐이라는 것이다. 이렇게 해서 '항상적 연접' 이라는 개념은 흄에게 인과성의 관념을 구성하는 한 가지 중요한 조건으로 받아들여지게 된다.

이제 앞서 예로 든 건물과 건축가의 경우에, 우리는 이것들 사이의 인과관계를 인정할 수 있다. 건물이 있는 경우에 변함없이 건축가가 있어왔음을 이와 유사한 사례들을 통해서, 즉 많은 유사한 건물들과 많은 유사한 건축가들이 변함없이 붙어 다니는 사례들의 관찰을 통해서 확인해왔다. 그러나 자연의 경우는 크게 다르다. 왜냐하면 자연은 유일하며 이것과 유사한 종류의 것을 달리 관찰한 바가 없기 때문이다. 이럴 경우 자연의 원인으로서의 신을 추론하는 것이 정당하지 못하다는 것이 흄의 지적이다. "만일 어떤 결과가, 즉 전적으로 단일하고, 그 어떤 알려진 종species에도 포함될 수 없는 결과가 주어진다면, 우리는 그것의 원인에 관해 그 어떤 추측이나 추론도 형성할 수 없으리라고 나는 본다. 만일 이런 성격의 추론에서 경험과 관찰 그리고 유비추리가 정말로 우리가 합리적으로 따를 수 있는 유일한 안내자이려면, 결과와 원인 모두는 반드시 다른 결과들과 원인들, 즉 우리가 잘 알고 있는, 우리가 많은 사례들에서 서로 연접됨을 관찰한 그런 결과들과 원인들과 유사성 및 닮은 꼴을 지니고 있어야만 할 것이다."(E 148)

더욱더 불리한 것은 목적론적 논증의 경우, 자연으로부터 추론된 신이라는 개념이 또한 유일하다는 사실에 있다. 우리는 신과 유사한 어떤 것들도 관찰한 바가 없는 것이다. 이런 의미에서 흄은 다음과 같이 지적한다. "에피쿠로스의 반대자들은 언제나 우주를, 즉 유일무이하고 무엇과도 비교될 수 없는 하나의 결과를, 신에 대한, 즉 마찬가지로 유일하고 비교될 수 없는 하나의 원인에 대한 입증으로 가정한다."(E 148)


## 4. 흄 철학의 일관성

이상에서 우리는 흄의《탐구》11절의 내용을 상세히 살펴보았다. 위에서 살펴볼 수 있듯이 이 절에서 흄의 중심된 논의는 목적론적 논증에 집중되어 있다. 이런 점에서 캠프 스미스의 지적은 적합한 듯하다. 즉 캠프 스미스는 이 절의 제목이 부적절함을 지적하면서, 이 절의 원제목이 "자연 종교의 실천적 결과에 관하여"임을 주지시키고 있다.[16]

흄이 11절에 "특수 섭리와 내세에 관하여"라는 제목을 붙여 놓고는 실제로 섭리와 내세의 문제에 대해서는 자세히 다루고 있지 않음은 사실이다. 그렇지만 그렇다고 흄이 이 절에서 오로지 목적론적 논증에 대한 정당화적 근거만을 다루고 있는 것은 아니다.

우리는 목적론적 논증에 관한 흄의 고찰 속에서 흄 자신이《논고》의 서문에서 설정한 탐구 프로그램이 계속 진행되고 있음을 확인할 수 있다. 흄의 자연주의 프로그램은 인식론적 탐구의 주요 주제들(인과적 신념, 외부 세계에 관한 신념, 자아의 동일성에 관한 신념)에, 그리고 도덕론에서 도덕적 신념에 일관되게 적용되고 있다. 이렇게 보면 11절에서 흄이 행하고 있는 것은 신의 존재와 속성을 중심으로 하는 종교적 신념에 대한 자연주의적 탐구라고 볼 수 있을 것이다. 따라서 이러한 탐구 속에는 신에 대한 신념을 이성적으로 정당화하는 것의 불가능성을 밝히는 흄의 회의론과 이러한 신념의 원인을 상상력에서 찾는 작업이 포함될 것이며, 필자는 이런 사실을 이 장의 3절 2항("유비의 문제점") 후반에서 지적했다. 그곳에 인용된 기다란 두 개의 인용문에서 흄의 회의론적 논조와 상상력에 관한 언급을 확인할 수 있다. 즉 흄의 친구가 제시한 비판은 종교적 신념(신의 존재, 신의 완전한 속성, 섭리, 내세)에 대한 흄의 회의론이 된다. 특히 이 신념의 이성적 근거에 대한 비판이다. 왜냐하면 여기서 흄은 신에 대한 믿음을 정당화하는 이성적 논증인 목적론적 논증을 주요 대상으로 삼고 있기 때문이다. 이런 점에서 이상의 논의는 또한 신에 관한 신념에 대한 이성적 정당화의 불가능해 보이는 회의론이다. 나아가서 흄은 앞서 살펴보았듯이 상상력이 개입되는 과정을 결과에서 원인으로, 다시 원인에서 결과로의 상승과 하강 과정을 통해 설명하고 있다.

　이렇게 볼 때 제기되는 문제는 신에 관한 신념과 다른 신념들 즉 인과성, 외부 세계의 존재, 자아의 자기동일성에 관한 신넘, 그리고 도덕적 신념들 사이의 차이에 관한 문제이다. 이 문제는 흄을 자연주의자로 해석하려는 흄 연구가들에게 특히 중요하다. 이들은 후자의 신념들을 자연적 신념natural beliefs이라고 부르는 데에 동의한다. 그러나 흄에 있어서 신에 관한 신념이 이러한 자연적 신념에 속하는지에 대해서는 의견이 일치하지 않는다. 이 문제에 관한 상세한 논의는 필자의 다음 탐구 과제로 남겨놓기로 한다. 이에 관한 논의는 《탐구》 11절의 내용만으로는 이루어지기 힘들며, 흄의 《대화》와 〈종교의 자연사〉에 대한 더욱 상세한 검토를 바탕으로 해야 한다고 생각되기 때문이다.

# 9 관념 이론과 경험론

## 1. 흄의 관념 이론

이 장에서 우리는 흄의 철학을 '근대 영국 경험론'의 관점에서 자세히 살펴볼 것이다. 그러므로 주된 탐구 대상은 흄의 《논고》 1권 1부 1절에서 주로 논의된 '관념에 관한 이론'이 될 것이다. 이 주제에 대한 탐구는 비단 흄의 사상 전반에 대한 이해뿐만 아니라, 근대의 고전적 경험론과 현대의 논리적 경험론을 이해하는 데에 도움이 될 것이다. 흄의 관념 이론은 자신이 《논고》 서론에서 제안하고 있는 인간학의 기초를 확립하기 위한 하나의 중요한 방법론으로 작용하고 있으며 《논고》 또는 다른 저술들에서 다루어지는 여러 주제들에 다양한 방식으로 영향을 미치고 있다. 나아가 그의 관념 이론은 로크에서 비롯한 영국 경험론의 본성과 그 한계를 잘 드러내고 있으며, 이러한 고전적 경험론에 내포되어 있는 현대 경험론의 의미론적 단초를 잘 보여주고 있다.

이 장의 다음 두 개의 절에서는 인상과 관념에 관한 견해와 이에 대한 논증을 흄 자신의 말과 예로 소개하고 이에 대한 일반적 평가를 제공한다. 다음 절에서는 흄의 관념 이론에 나타난 경험론의 특성을 더욱 폭넓게 이해하기 위하여 이것을 흄 자신의 고유한 철학적 관점과 관련시켜 이해하고자 한다. 이를 위하여 먼저 흄의 관념 이론에 대한 논리실증주의적 또는 의미론적 해석의 한계를 살펴보고, 나아가서 흄 자신이 《논고》 서론에서 제안하고 기획한 탐구 과제와 그 과제의 일관된 실행 과정 속에서 그의 관념 이론이 차지하는 위상은 어떠한지에 대해 살펴볼 것이다. 이러한 과정을 통하여 우리는 관념 이론을 포함한 흄의 철학이 차지하는 고유한 영역과 가치를 발견하게 될 것이며, 흄에 대한 논리실증주의적 해석 역시 이러한 이해 위에서만 정당한 것으로 받아들여질 수 있음을 인정하게 될 것이다.

## 2. 인상과 관념의 구분

흄은 그의 《논고》 1권의 첫 번째 장을 그의 철학 전체에 여러 가지로 중대한 영향력을 행사하고 있는 '관념에 관한 이론'으로 시작한다. 이 이론은 이미 로크에 의해 비교적 상세하게 제시되었으며, 흄은 그 내용을 수용하는 한편 《논고》의 나머지 장들에서 전개될 자신의 독자적인 견해들을 뒷받침하기 위해 나름대로 수정하고 보완한다.

로크는 인간의 마음의 내용 또는 활동을 지칭하는 것으로서 '관념'이라는 용어를 사용한다. 이렇듯 관념은 지각하는 것, 상상하는 것, 의지하는 것, 사고하는 것을 포함하는 그러면서도 한편으로 이러한 활동들을 위해 마음이 필요로 하는 자료들까지 포함하는 포괄적인 용어이다. 로크의 주요 물음 가운데 하나는 이러한 우리의 관념은 어디에서 오는가 하는 것이다. 모든 관념은 경험에서 온다는 것이 그의 답이며, 이것이 그의 경험론의 주요 전제가 된다. "그것(마음)이 추론과 지식의 자료들을 어디에서 얻는가? 이에 대해 나는 경험에서라고 한마디로 답한다."(T 121~122)

흄은 로크의 '관념'에 해당하는 것으로서 '지각'이라는 용어를 사용한다. 지각에 대하여 흄은 다음과 같이 개략적으로 언급할 뿐이다. 그에 따르면 "미워하는 것, 좋아하는 것, 사고

하는 것, 느끼는 것, 보는 것, 이 모든 것이 다름 아닌 지각하는 것이다."(T 67) 이러한 설명에 따르면, 지각은 우리의 마음 또는 정신의 내용이나 활동을 지칭하는 포괄적인 개념이며, 이 지각은 크게 '인상'과 '관념' 두 가지로 나뉜다.

아주 강하고 세차게 들어오는 지각들을 우리는 인상이라 이름 붙일 수 있다. 이런 이름으로서 나는 정신에 그 최초의 모습을 나타낼 때, 우리의 모든 감각과 정념, 정서를 칭한다. 관념으로서 나는 사고나 추리에 나타나는 이것들의 희미한 영상을 지칭한다.(T 1)

흄에 따르면 우리의 정신에 존재하거나 발생하는 모든 내용, 즉 지각은 인상이거나 아니면 관념이다. 우리가 어떤 소리나 색깔을 감각하고, 따뜻함이나 고통을 느끼고, 분노와 같은 격렬한 감정을 느낄 때, 이것이 흄의 용어로 표현하면 그 순간에 우리의 정신에 그러한 인상이 존재한다 혹은 발생한다는 말이 된다. 이와 달리 관념이란 우리가 이러한 인상들을 기억하거나 이것들을 가지고 추론하고 사고하거나 또는 기대할 때, 우리의 정신에 나타나는 모든 의식의 내용들을 말한다.

그런데 앞의 인용문에서도 볼 수 있듯이 흄은 인상과 관념을 구별하는 기준을 지각의 '강함과 생생함의 정도'에 두고 있는 듯하다. 즉 인상과 관념의 차이를 인상의 생생함과 관념의 희미함을 가지고 설명하고 있다. 이러한 정도의 차이에 따르는 구분은 명료하지가 않아서 그것의 의미를 이해하기가 힘들다.

흄 자신도 인정하듯이, 관념이 인상만큼이나 또는 그보다 강하고 생생한 경우가 있다. 예를 들어 "꿈속에서, 열광해 있을 때나 미쳐 있을 때 또는 매우 강렬한 감정에 사로잡혀 있을 때 우리의 관념은 우리의 인상에 매우 근접하다".(T 2) 또한 "우리의 인상이 너무 희미하고 미약하여 그것들을 인상과 구별할 수 없는 경우가 가끔 있다".(T 2) 비록 흄 자신은 이것을 드물고 비정상적인 경우로 간주하여 자신의 기준을 고수하지만, 실제로 그러한 경우는 그렇게 드물거나 비정상적이지만은 않다. 예를 들면 신체검사에서 정상으로 판정받아 군에 입대한 신병이 전선에 배치되어 흔히 겪는 사례가 있다. 전선에서 야간에 보초를 서는 초병이 전방을 둘러보다가 특정한 방향에서 사람 모양의 희미한 형상을 보게 될 때, 그는 그 대상을 주시하게 된다. 그 경우에 그 대상은 점점 더 생생한 형상으로 보이게 될 것이다. 그러나 대부분의 경우에는 그 대상은 덤불이거나 나뭇등걸이기가 일쑤이다.

그러므로 생생함의 정도를 가지고 인상과 관념을 구분하는 것은 인상과 관념의 차이를 이해하는 데 도움이 되지 못하는 것 같다. 인상과 관념을 구분하는 가장 쉬운 방법은 인상을 실제의 물리적 대상에 의해 주어지는 현재의 지각으로 그리고 관념은 이 인상에 관한 정신적 이미지로 설명하는 것이다. 그러나 이러한 설명은 흄의 경우엔 사용할 수 없다. 그에 따르면, "인상이라는 용어에 대하여 나는 우리의 생생한 지각들이 마음에 결과되는 방식을 표현하는 것으로 이해하지 않고, 단지 지각들 그 자체로 이해한다".(T 2)

인상과 관념을 설명함에 있어서 이러한 난점은 근본적으로 흄의 관념 이론이 가지고 있는 근본 전제에서 기인한다. 즉 흄은 영국 경험론의 전제를 받아들여 마음의 직접 대상을 지각에 한정시키고 있다. "마음의 지각 또는 인상과 관념을 제외하고는 우리 마음에 일찍이 실제로 나타나는 것은 없으며 외적 대상들은 이들이 일으키는 그러한 지각들에 의해서만 우리에게 알려지게 된다."(T 67) 이러한 이유로 흄은 지각에 관한 '감각 자료 이론' 또는 '간접 실재론'의 선구자로 간주되기도 한다. 이런 이유에서 흄은 지각의 내용을 설명하기 위해 외부 대상에 의존해서는 안 된다. 오히려 그는 지각의 내용들을 가지고 외부 대상에 대한 관념을 설명해야 할 것이다. 결국 흄은 인상이나 관념을 모두 우리의 지각의 내용 안에서 설명해야 한다는 한계 때문에 이것들을 구분할 수 있는 기준을 생생한 정도의 차이에서 찾을 수밖에 없었던 듯싶다.

한 가지 분명한 것은 흄의 의도가 감각과 사고의 구분에 있었다는 것이다. 흄은 생생함의 정도에 따른 자신의 인상과 관넘의 구분이 불충분하다는 것을 알고 있었던 것 같다. 또한 이 것 외의 다른 대안적 설명이 쉽지 않음을 깨달은 상태에서 다만 "누구나가 스스로 느낌과 사고의 차이를 쉽게 식별할 수 있을 것이다."(T 1~2)라고 말하고 있다. 그리고 다른 글에서 그는 사고와 관념을 동의어처럼 간주하고 있다.(T 18) 인상과 관념을 이렇게 이해할 때, 우리는 이것들을 좀 더 명료히 이해할 수 있을 것이다. 그는 감각경험과 이것들에 기초하여 만들어진 사고, 추리, 상상, 신념 등의 정신의 작용 또는 이것들의 표현을 가능케 하는 언어적 개념을 구별하고 있으며, 이러한 구분 위에서 인간의 여러 가지 정신적 활동과 이것에 의해 이루어지는 인간의 행위를 인상, 즉 감각경험을 가지고 설명하고자 한다.

인상과 관념의 구분은 흄이 의도하는 더욱 중요한 경험론의 원리로 나아가기 위한 준비 단계라고 볼 수 있다. 이러한 흄의 일반 원리는 다음 절에서 살펴볼 것이다. 자신의 일반 원리를 제시하기에 앞서 흄은 지각에서 인상과 관념의 구분에 더하여 또 하나의 구분을 시도한다. 즉 단순한 것과 복합된 것의 구분이 그것이다.

흄에 따르면 우리의 지각은 단순한 것과 복합된 것으로 나뉜다. 이것들에 대하여 흄은 이렇게 설명한다. "단순한 지각들 또는 인상들과 관념들은 어떠한 구분이나 분리도 허용하지 않는 그러한 것들이다. 복합된 것들은 이것들에 반대되는 것들이며, 따라서 부분들로 나뉠 수 있다."(T 2) 흄 자신의 예를 들자면, 사과의 인상이나 관념은 복합적이다. 이것들은 사과의 특정한 색깔이나 맛, 냄새와 같은 지각들, 즉 서로 구별되는 부분들로 나뉠 수 있기 때문이다. 그렇다면 사과의 색깔이나 맛, 냄새의 인상이나 관념은 단순한 지각으로 볼 수 있다.

그러나 흄의 이러한 구분에는 그가 미처 깨닫지 못한 애매함과 어려움이 있다. 그의 설명에 따르면 사과의 색깔과 맛, 냄새의 지각은 단순 인상이나 관념인 듯이 보인다. 그러나 여기에는 어디까지가 단순한 지각이라고 말할 수 있는지, 즉 '단순성'의 기준을 어디에 놓아야 하는지의 문제가 뒤따른다. 따져 보면 사과의 고유한 색깔은 복합 지각이다. 그것은 고유의 색조와 채도를 가진다. 이것은 소리가 음색과 음폭으로 이루어져 있는 것과 유사하다. 그리고 이러한 성질들은 그 이상의 서로 다른 성질들로 분리될 수 있을 것이다. 나아가서 인상이나 관념을 우리의 마음에 떠오르는 그림과 같은 것으로 이해한다면 문제점이 더욱 분명해진다. 가령 내 앞에 있는 사과의 특정 면적의 붉음의 지각은 그것을 하나의 그림으로 여긴다면, 무한한 부분들로 나뉠 수 있을 것이다. 흄은 이렇듯 지각의 질적인 측면과 양적인 측면 그리고 지각이 시각적 이미지의 형태로 이해되는 경우에 따르는 복합성을 간과하고 있다.

## 3. 인상의 선행성

　지각을 인상과 관념으로, 그리고 단순한 것과 복합된 것으로 구분한 뒤에, 흄은 인상과 관념의 관계와 그 관계의 특성에 관해 자세한 설명으로 들어간다. 먼저 그는 인상과 관념 사이의 유사성을 관찰한다. 즉 "나에게 떠오르는 최초의 상황은 무엇보다도 그들의 강함과 생생함의 정도를 제외한 인상들과 관념들간의 커다란 유사성이다".(T 2) 이 모든 마음의 지각들은 항상 두 종류로 짝을 이루고 있으며 이것들은 인상이 아니면 관념이라고 본다. 즉 "마음의 모든 지각은 두 가지이며, 이 둘은 인상과 관념인 것처럼 보인다".(T 2~3) 여기서 그는 인상과 관념의 일대일 대응을 말하고 있다. 예를 들면 "내가 눈을 감고 나의 방을 생각하면, 내가 떠올리는 관념들은 내가 감각했던 인상들의 정확한 대표들이다. 후자에서 발견되지 않는 전자의 경우는 없다". 이처럼 그에게 "관념과 인상은 항상 서로 대응하는 것처럼 보인다".(T 3)

　이러한 유사와 대응의 관계는 복합적인 지각의 경우에는 적용되지 않는 것처럼 보인다. 가령 "나는 한 번도 본 적이 없는 미래의 예루살렘, 즉 황금으로 포장된 도로와 루비로 만들어진 담장으로 장식된 예루살렘을 상상할 수 있다".(T 3) 이러한 미래의 예루살렘에 관한 복합 관념은 이에 대응되는 그리고 이것이 대표하는 인상을 가진 적이 없다. 그러나 흄의 단순 및 복합 지각에 관한 설명에 따르면, 이러한 '미래의 예루살렘'과 같은 복합 관념은 '황금', '도로', '루비' 및 '담장'과 같은 더욱 단순한 관념으로 나뉠 수 있으며, 이러한 단순한 관념들은 이에 대응되는 인상들의 표상으로 여겨질 수 있다. 따라서 흄은 다음과 같이 자신의 관찰을 일반화한다. "모든 단순 관념은 그것과 유사한 단순 인상을 가지며 모든 단순 인상은 대응되는 관념을 가진다."(T 3)

이제 흄은 관념과 인상의 관계에 관한 최종적인 결론에 접근한다. 처음에 관찰한 유사성과 대응은 인상과 관념 간의 단순한 병렬적 비교에 불과하다. 이제 그는 인상과 관념 간의 존재적 순서, 즉 인과적 관계를 검토한 뒤 다음과 같은 자신의 "관념에 대한 인상의 선행성에 관한 원리"(T 6)를 확립한다.

처음 생겨날 때의, 우리의 모든 단순 관념은 이것들에 대응하는, 그리고 이것들이 정확히 표상하는 단순 인상에서 유래한다.(T 18)

흄은 유사성과 대응을 관찰함으로써 인상과 관념 사이에 '항상적 연관'이 있음을 발견했다. 이러한 상호 유사와 대응이 빈번한 반복적 사례의 관찰은 흄을 "우리의 대응되는 인상들과 관념들 사이에 밀접한 연결이 있으며, 하나의 존재는 다른 하나의 존재에 중대한 영향을 미친다.”(T 19)는 결론으로 이끈다. 여기서 밀접한 연결은 다름 아닌 인과적 결합을 의미한다. 우리가 두 가지 사건 사이에 항상적 관련이 있음을 관찰할 때 우리는 이것들의 관련이 우연일 수 없으며, 이들 간에는 인과적인 연결이 있다고 생각하게 된다. 이제 어느 것이 원인인가의 문제에 대하여 흄은 인상이 관념의 원인이라고 결론짓는다. 즉 모든 관념은 그에 대응하는 인상의 결과로 마음에 발생한다는 것이다. 달리 말하면 모든 관념이 발생하는 순서에서 인상이 항상 경험에 앞선다고 결론짓는다. 이런 의미로 흄은 앞서 인용된 자신의 일반 명제를 다음과 같이 되풀이해서 설명한다. 인상과 관념 가운데 “어느 쪽에 이러한 의존이 주어지는지를 알기 위해, 나는 그것들의 최초의 출현 순서를 고찰한다. 그리하여 항상적 경험에 의해 단순 인상들은 이에 대응하는 관념들에 언제나 선행하며, 그 반대 순서로는 결코 발생하지 않음을 발견하게 된다”.(T 20)

결국 모든 단순 관념에 대해서 이에 대응하는 인상이 있고, 모든 관념은 그에 대응하는 인상의 결과로서 마음에 발생한다는 것, 다시 말해서 모든 관념에 선행해서 이에 대응하는 인상이 존재한다는 것이 인상과 관념의 관계에 관한 흄의 결론적인 주장이다. 그리고 이 말은 결국 감각인상 없이는 어떠한 사고나 정신적 활동도 있을 수 없다는 뜻으로 이해될 수 있다. 이렇듯 인간의 사고 내용을 감각경험을 가지고 설명하고자 하는 것이 바로 경험론의 기본적인 특징이다.

이러한 관념 이론의 일반 원리를 입증하려는 시도에서 흄은 몇 가지 평범한 경험적인 예를 제시하고 있다. 첫 번째 예로서, 어린아이에게 '자주색'이나 '오렌지' 또는 '달다'와 '쓰다'의 관념을 가르치기 위해서, 우리는 그들에게 무엇보다도 그것들의 인상을 제시해야만 한다고 흄은 말한다. 이와 반대로 단순히 그것들에 대해 생각함으로써, 즉 관념을 가짐으로써 앞의 감각들을 일으킬 수는 없다. 다음으로 흄은 날 때부터 눈이나 귀가 먼 사람의 예를 들고 있다. 이들은 문제의 감각기관의 결함 때문에 이에 관련되는 대상의 성질에 대한 감각경험을 얻지 못하였으므로 이에 대응되는 관념을 결코 형성할 수 없다는 것이다. 또한 아주 간단한 예를 들어서 "우리는 실제로 맛보지 않고서 파인애플 맛에 대한 정확한 관념을 형성할 수 없다."(T 5)고 흄은 말한다.

흄이 드는 예는 그 자체로는 타당한 명제들인 듯이 보이나 그의 원리를 입증하는 데에는 부족한 듯싶다. 왜냐하면 흄에게서 인상이나 관념은 개인적인 감각경험 또는 정신적 이미지로 설명되기 때문이다. 가령 흄은 날 때부터 눈이나 귀가 먼 사람은 이에 관련된 관념, 즉 시각적 이미지나 청각적 이미지를 가질 수 없다고 말한다. 그러나 흄이 이것을 어떻게 증명할 수 있겠는가? 그러한 심리적 이미지의 존재에 대해, 나아가서 그것이 구체적으로 어떤 모양의 것인지에 대해 그리고 그것이 다른 정상인의 그것과 일치하는 것인지에 대해 쉽게 입증할 수가 없을 것 같다. 결국 흄의 예들에서 볼 수 있는 것은 "적절한 경험적 입증이 불가능하거나 어려운 심리학적 명제들이다".(T 28)

한편으로 흄은 자신의 원리를 옹호하는 한 가지 방법으로서, 가상의 논적에 대해 자신의 원리를 반박할 수 있는 증거를 제시하라고 자신 있게 요구한다. 그리고 다음과 같이 확신한다. "그가 이러한 도전에 답하지 못한다면, 확실히 그는 그렇게 할 수 없을 것이다. 그렇다면 우리는 그의 침묵과 우리 자신의 관찰로부터 우리의 결론을 확립할 수 있을 것이다."(T 4) 이러한 자신감의 근원은 아마 그 누구도, 어떠한 실험도 완전하게 자신의 원리를 반증할 수 없으리라는 확신에 기인할 것이다. 가령 선천적인 맹인들을 대상으로 그들이 시각적 관념을 가지는지에 대해 실험을 한다고 해보자. 그리하여 그들 가운데 몇몇이 또는 전부가 실제로 시각적 이미지를 가졌음이 입증되었다고 해보자. 그렇다고 해도 그들이 가지고 있는 이미지가 정말로 순수하게 시각적인 것인지, 그리고 실험에서 사용되는 특정한 색깔과 피실험자가 머릿속에 떠올리고 있는 특정한 이미지가 서로 일치하는지 등에 대한 의문이 여전히 남을 것이다.

나아가서 흄은 자신의 일반 원리에 대한 예외를 스스로 인정하고 있다. 그 예외는 다음과 같은 예를 통해 제시된다. 모든 종류의 색깔을 색상에 따라 차례대로 가로로 나열하고, 각각의 색상에 대해 이것들을 채도가 낮은 것에서부터 높은 것까지 세로로 나열한 도표를 예로 들어보자. 그리고 이러한 색상들과 채도들에 대해 아주 잘 아는 사람이 있다고 치자. 만일 앞의 도표에서 어느 한 가지 색상의 한 가지 채도가 빠져 있다면, 그는 그것을 쉽게 알아차릴 수 있을 것이다. 그렇다면 그는 빠져 있는 특정 채도에 대한 관념을 가질 수 있을까? 물론 그것을 이전에 본 적이 있다면, 즉 그 채도에 대한 인상을 가진 적이 있다면, 기억을 통해 그것을 머릿속에 그릴 수 있을 것이다. 그러나 불행히도 그가 그 채도에 대해서만은 한 번도 경험한 적이 없다면 어떠할까? 그래도 그는 빠진 채도에 대한 관념을 가질 수 있을까? 흄은 가능하다고 결론짓는다. 그리고는 이러한 예외를 단지 특수하고 단일한 것으로 간주하여 자신의 일반 원리를 계속 유지한다.

그러나 흄의 경우에 이러한 예외는 쉽게 인정되어서는 안 되는 성질의 것이다. 흄이 이러한 예외를 받아들인다는 것은 곧 자신이 경험적인 증거에 의해 확립된 보편 진술로 제시하고 있는 일반 원리에 대해 하나의 반증 사례를 인정하는 것이며, 그렇다면 흄의 원리는 일반 원리로 받아들여질 수 없는 것이 되기 때문이다. 따져보면 이러한 예는 진정한 반례가 될 수 없을

것 같다. 어쨌든 관념이라는 것은 사적인 내용에 속하는 것이
기 때문이다. 어떻게 그 사람이 빠진 채도와 정확히 똑같은 관
념을 머릿속에 가지고 있다는 것을 보일 수 있겠는가?
　어쨌든 흄은 이러한 일반 원리를 통해 무엇보다도 데카르트
에서 유래하는 합리론자들의 본유관념에 관한 주장을 반박하
고 있다.


　우리 인상의 관념에 대한 선행성에 관한 현재의 문제는 다른 표
현들로, 즉 본유관념이 존재하는가 아니면 모든 관념은 감각과 내
성에서 유래하는가 하는 문제가 논란이 될 때, 커다란 논란을 일으
켰던 것과 동일한 문제이다.(T 7)


　이러한 흄의 원리는 확실히 본유관념의 존재와 양립할 수
없다. 흄이 제시한 일반 원리에 따르면, 모든 단순 관념은 ‘그
들의 첫 발생에 있어서’ 단순 인상에서 유래된다. 따라서 감각
인상을 가지기 이전에 어떤 관념이 존재한다는 것은 불가능하
다. 이러한 본유관념의 부정은 논리실증주의의 한 가지 특징인
형이상학의 부정과 밀접한 관련을 가진다. 이것에 대해서는 다
음 절에서 좀 더 살펴볼 것이다.

## 4. 논리실증주의와의 관련

앞서 살펴본 일련의 견해와 이에 대한 논증에서 드러나는 문제점은 크게 인상과 관념의 구분에 따르는 문제와 흄이 자신의 일반 원리로서 제시하는 '인상의 관념에 대한 선행성' 또는 '관념의 파생성'에 관련된 문제이다. 이러한 문제들에 최초로 진지하게 관심을 보인 사람들은 주로 논리실증주의자들이었다. 이들은 흄이 《논고》에서 다루고 있는 문제들, 그리고 이를 통하여 제시되는 일반 원리가 자신들의 그것과 매우 흡사함을 발견한다. 이 절에서는 앞 절에서 다룬 흄의 경험론 원리와 이에 따르는 난점을 논리실증주의적 견지에서 검토해보도록 하겠다. 먼저 앞 절의 마지막에서 언급된 흄의 형이상학 비판부터 살펴보자.

앞서 말했듯이, 흄은 일반적으로 1922년에 성립된 빈 학파에서 공식적으로 비롯된 논리실증주의의 선조로 간주된다. 1930년대 초반에 이 모임에 가담한 에이어는 다음과 같이 말했다. "그들의 일반적인 입장에서 빈 학파에 가장 가까운 사람은 흄과 마흐이다. 현재 논리실증주의의 특징으로 생각되고 있는 대부분의 이론이 흄에 의해서 이미 주장되었거나 적어도 암시되었다는 것은 실로 놀라운 일이다."(T 4) 이러한 논리실증주의의 주요 특징 가운데 하나가 바로 형이상학의 부정이었으

며, 이것의 주요 근거는 "어떤 진술의 의미는 그것의 검증이
다."로 요약되는 검증 원리이다. 이러한 검증 원리에 의해 검
증의 방법이 없는 명제는 무의미한 것이 되며, 이러한 무의미
한 명제의 대표적인 예가 바로 형이상학적 명제이다.

흄을 논리실증주의와 긴밀하게 연결시켜주는 고리 중의 하
나는 그의 형이상학에 대한 적대적 태도이다. 이것을 가장 잘
보여주는 흄 자신의 표현이 있다. "만일 우리가 어떤 책, 예를
들어 신에 관한 또는 강단 형이상학에 관한 어떤 책을 손에 쥐
고 있다면, 이렇게 물어보자. 그것이 양과 수에 관한 어떤 추상
적인 추론을 담고 있는가? 아니다. 그것이 사실과 존재에 관한
어떤 실험적 추론을 담고 있는가? 아니다. 그렇다면 그것을 불
속에 집어던져라. 왜냐하면 그것은 궤변과 오류 말고는 아무
것도 담을 수 없기 때문이다."(T 165)

흄이 비판하고 있는 형이상학은 추상적이고 애매하여 그 의
미를 이해하기가 힘든, 그리하여 학문의 영역에 포함될 수 없
는 그런 종류의 추론을 말한다. 흄은 형이상학의 이러한 애매
성은 학자나 문필가 사이에서조차 반감을 불러일으키고 있음
을 지적하면서, 다음과 같이 말한다. "형이상학적 추론이 무엇
인지에 대해, 이것은 어떠한 특정 분야의 과학에 기초한 것이
아니라, 단지 모든 면에서 추상적인 그리고 이해를 위해 각별
한 주의를 요하는 모든 종류의 논증을 뜻하는 것으로 그들은

이해한다."(T xviii) 물론 여기서 흄이 지적하는 추상성과 애매
성은 흄 자신의 철학도 포함하여 거의 모든 학문에서 불가피하
게 발견되는 것이기도 하다. 따라서 진정으로 흄이 의미하는
'추상적인 형이상학'이란 단순히 애매하고 이해하기 힘든 추
론이 아니라 오히려 '이해 불가능한 가정' 또는 '무의미한 명
제'들로 이루어진 추론이라고 볼 수 있다. 흄은 실제로 자신의
견해를 형이상학이라고 공격하는 가상의 논적에 대한 반격에
서 다음과 같이 말한다. "그렇다. 여기에 확실히 형이상학이
있다. 그러나 그것은 당신네들, 즉 도저히 이해될 수 없는 그리
고 어떠한 구체적 사례나 용례에 적용될 수 없는 추상적인 가
정을 제시하고 있는 당신네들 편에 속하는 것이다."(T 289) 이
렇듯 흄이 반대하는 형이상학은 단순히 이해하기 어려운 가정
이 아니라 '이해 불가능한' 가정을 포함하는 학문을 말한다.

　앞 절에서 살펴본 인상과 관념에 관한 흄의 논의는 바로 이
점에서 중요한 역할을 하고 있다. 즉 그것은 하나의 가정이 이
해 불가능하다는 것을 보여주는 방법으로 사용될 수 있는 것이
다. 이런 점에서 흄은 논리실증주의의 의미론에 아주 가깝게
접근하고 있다. 《논고》를 소개하기 위해 간략하게 요약한 흄의
책자에서 그의 의미론적 관련을 발견할 수 있다. "따라서 어떤
관념이 애매할 때마다 그〔흄〕는 항상 이것을 명료하고 정확하
게 해주는 인상에 의지한다. 그러므로 그가 어떤 철학적 용어

가 인상과 결합되어 있지 않은 관념을 포함한다고 생각할 때 (이런 경우는 매우 빈번하다), 그는 항상 다음과 같이 묻는다. 그 가정된 관념은 어떤 인상에서 유래하는가? 그리고 어떠한 인상도 산출될 수 없을 때, 그는 그러한 용어는 전혀 의미가 없다고 결론짓는다."(T 648~649)

이렇듯 흄과 논리실증주의는 형이상학적 주장을 무의미한 진술들 또는 이해 불가능한 진술들로 단정하여 탐구의 대상에서 제외하고자 한다는 점에서 아주 유사하다. 이제 앞 절에서 살펴본 흄의 경험론이 20세기 초반의 경험론, 즉 논리실증주의와 어떻게 관련되는지에 대해 방법론적 측면에서 살펴보기로 한다. 여기서 다루어질 문제는 어떤 특정한 표현들이 의미가 있는지를 어떻게 결정할 수 있는가 하는 문제가 될 것이다.

앞서 살펴보았듯이 인상과 관념의 구분은 이것들을 심리학적, 정신적 내용으로 이해할 때, 그리하여 단지 생생함의 정도 차이로 이해할 때 어려움이 따른다. 이러한 사정은 인상과 관념의 구분이 흄 자신이 언급한 다른 구분, 즉 감각과 사고의 구분으로 대체될 때 한결 나아진다. 여기서 사고를 언어적 개념을 의미하는 것으로 해석하면, 결국 인상과 관념은 감각경험과 언어적 개념을 지칭하는 것이 된다. 다시 말해서 흄의 경험론을 언어에 관한 의미론적 관점에서 해석하면, 흄이 인상과 관념에 관한 이론에서 미숙한 형태로 시도했던 구분은 다름 아닌 우리에게 주어진 감각경험과 이것에 대한 사고 사이의 구분이 된다. 여기서 감각경험에는 감각, 정념, 심상 등이 속하며, 우리는 이것들을 가지고 언어와 같은 상징들을 통해 사고한다는 것이다. 관념을 이렇게 이해할 때 우리는 흄의 원리를 새롭게 해석할 수 있게 된다. 즉 흄이 '관념'에 관하여 말할 때 그의 진정한 주제는 의미와 이해인 셈이다.

이제 흄의 인상의 선행성에 관한 일반 원리는 논리실증주의 검증 원리와 유사한 맥락에서 언어의 유의미성에 관한 원리로 해석할 수 있다. 그러므로 그의 원리는 한 단어가 의미를 가지기 위해서는 그것이 감각인상에 연결되어 있어야 한다는 것을 뜻한다. 따라서 흄의 예들이 보여주고 있는 것은 다름 아니라 어떤 단어나 기호의 의미를 알기 위해서 우리의 관심은 그것에 관련된 경험에 두어야만 한다는 것이다. 예를 들어 '오렌지'라는 단어의 의미를 아는 것은 오렌지가 무엇인지를 아는 것이며, 이것은 다른 말로 오렌지의 관념을 가지는 것이다. 그리고 오렌지의 관념을 가지기 위해서는 반드시 오렌지를 경험해야 한다. 즉 흄이 제시하는 인상의 선행성의 원리가 의미하는 바는 다름 아니라 우리가 X의 관념을 가지기 위해서는 반드시 X를 경험해야 한다는 것이다. 흄의 이론은, 관념은 선행하는 인상을 필요로 한다는 것이 아니라 이해가 선행하는 인상을 필요로 한다는 이론이 되는 셈이다. 그러므로 우리는 흄의 복합과 단순의 구분을 '정의 가능한 것'과 '정의 불가능한 것' 사이의 구분으로 해석할 수 있으며, '모든 단순 관념은 대응되는 인상에서 유래한다.'는 원리를 모든 정의 불가능한 진술은 그것이 지시하는 감각경험을 지적함으로써 '직시적으로ostensively' 설명될 수 있다는 원리로 해석할 수 있다.

좀 더 구체적으로 말하여, 흄의 원리는 표현들에 대한 직시적 정의ostensive definition에 관련된 원리이다. 즉 어떤 표현들이 유의미하게 사용될 수 있기 위해서 그것들은 직시적으로 정의될 수 있어야 하거나 아니면 직시적으로 정의될 수 있는 다른 표현들을 가지고 언어적으로 정의될 수 있어야 한다는 규칙으로 해석될 수 있다. 이렇게 볼 때, 흄이 자신의 원리를 지지하기 위하여 들고 있는 예들은 바로 표현들의 직시적 정의 과정을 보여주고 있다. 어린아이에게 자주색의 관념을 주기 위하여, 즉 자주색을 이해시키기 위하여 우리는 어린아이에게 자주색의 인상을 제시해야 한다. 즉 자주색의 감각경험을 지적해주어야 할 것이다.

이러한 흄의 경험론은 대체로 두 가지 측면, 즉 형이상학적 측면과 인식론적 측면에서 논리실증주의의 새로운 경험론과 다음의 점에서 다르다. 흄에 있어서 형이상학적 원리는 '모든 대상은 감각자료sense-data이다.'이며, 인식론의 원리는 '모든 의미 있는 단어는 감각 자료 대상의 이름이다.'로 볼 수 있다.

반면에 논리실증주의에서 형이상학적 원리는 '모든 사실은 감각자료이다.' 이며, 인식론의 원리는 '모든 의미 있는 문장들은 감각 가능한 사실을 기술한다.' 고 볼 수 있다. 다시 말해서 흄에게서 궁극적인 탐구 대상은 인상과 같은 감각적으로 주어진 개별적 항목들이다. 그러나 비트겐슈타인의 논리적 원자론에서 채택된 탐구 대상은 감각적으로 주어진 사실들이다. 그리고 의미 있는 진술의 단위는 단어가 아니라 문장으로 이해된다. 흄의 의미론에서는 '모든', '그리고', '만일', '그러나' 와 같은 단어들은 의미를 가질 수 없을 것이다. 그러나 오늘날의 의미론에서처럼 문장을 유의미한 진술의 최소 단위로 볼 때 이런 문제는 해결될 수 있을 것이다. 그것들이 한 문장 안에서 일정한 기능을 한다면, 그 단어들은 의미를 가진 것으로 받아들일 수 있기 때문이다.


## 5. 비판적 평가


이 장에서 살펴본 내용을 정리해보면 다음과 같다. 흄에 따르면, 모든 지각은 인상이 아니면 지각이다. 모든 지각은 단순한 것이 아니면 복합된 것이다. 모든 복합된 지각은 단순한 지각들로 이루어진다. 모든 단순 관념은 이에 대응하는 단순 인상이 있다. 모든 단순 인상은 단순 관념에 선행한다. 모든 관념은 단순 인상의 결과로서 존재하며 따라서 인상이 없으면 관념도 없다. 즉 감각경험이 없으면 사고나 정신적 활동도 존재하지 않는다. 이러한 흄의 관념에 관한 이론은 인간의 정신이나 사고의 내용과 그 기원에 관한 경험적이고 심리적인 설명으로서, 이것이 기초하는 전제, 이로부터 도출되는 일반 원리 및 이를 옹호하는 논증에는 적지 않은 어려움과 애매함이 뒤따른다.

한편 이것을 20세기의 경험론, 즉 논리실증주의적 관점에서 의미론적 이론으로 해석한다면, 이러한 어려움은 다소 해소될 수 있다. 그렇지만 의미론으로서의 흄의 관념 이론은 여전히 난점을 지니고 있다. 먼저 이것은 인상이 지니는 독특한 취약성에 기인한다. 흄은 인상을 '내적이고 소멸하는 존재들'로 본다.(T 194) 즉 인상은 지속적이지 못하고 순간적으로 사라져버린다. 따라서 대부분의 경우에 표현의 의미에 관한 테스트는 실제의 인상보다는 이에 대한 과거의 기억에 의존하게 될 것이다. 이러할 때 기억이 실제의 인상을 그대로 보존하고 있는지 그리고 기억과 관념을 어떻게 구별할 수 있는지의 문제가 발생한다. 또한 인상이 지닌 내적이고 사적인 특성은 공적인 의사소통을 전제하는 의미론적 탐구를 근본적으로 불가능하게 만들 위험이 있다. 흄의 의미론은 모든 표현의 의미를 인상에서 찾고 있기 때문이다. 이런 문제들을 해결하기 위해서 인상은 외적이고 공적이며 또한 지속적인 지각적 대상과 상호 교환 가능한 개념으로 이해되어야 할 것이지만, 이것은 결국 흄이 직접 인식이 불가능한 것으로 여기고 인상이라는 개념으로 대체했던 자연적 대상을 다시 인식의 영역에 끌어들이는 결과가 될 것이다. 다시 말해서 이것은 흄의 관념 이론의 근본 전제를 바꾸어야 함을 뜻한다.

무엇보다도 큰 난점과 한계는 흄이 자신의 의미론을 문장이 아니라 단어에 관한 의미 기준으로 제시하고 있다는 데에 있다. 그럼으로써 실제로는 유의미하게 사용되는 많은 표현들이 흄의 기준에서는 무의미한 것들이 되어버린다. 이러한 표현들에는 하나의 문장 안에서 일정한 기능을 하는 다양한 종류의 비기술적 표현들뿐만 아니라, '집합'이나 '영' 또는 '점'과 같은 수학적·기하학적 개념들도 포함될 것이다. 또한 지구에서 아주 멀리 떨어져 있는 별의 경우에, 현실적으로 그것이 아직까지 지시체를 가지고 있는지는 경험적으로 확인되지는 않았지만 일반적으로 그러한 표현은 의미 있는 표현으로 받아들여지고 있다. 결국 이렇게 해석되는 흄의 경험론은 단지 원시적 단계의 논리실증주의로서의 지위를 누릴 수 있을 뿐이다.

한편으로 흄이 관념 이론에서 제시하는 경험론의 원리를 논리실증주의적 관점과 전혀 다르게 이해할 수 있는 길이 있다. 이런 이해는 흄의 《논고》 서론에서 표명하고 있는 그의 탐구 과제와 비교해볼 때 잘 드러난다. "실험적 추론 방법을 도덕적 주제들에 도입하려는 시도"라는 부제를 달고 있는 《논고》의 서론에서, 흄이 제안하고 기획하고 있는 과제는 '도덕적 주제'들의 연구를 통해 '인간학'을 확립하는 것이다. 여기서 도덕적 주제들은 '자연적 주제들'에 대비되는 것으로, 이것에는 인간의 정신 활동에 관계되는 모든 탐구가 포함될 수 있다. 《논고》에서 흄이 다루고 있는 것은 왜 사람들은 현재와 같은 방식으로 사고하고 행위하며 느끼는지, 다시 말해서 자아와 세계 등에 관해 사고하고, 정념의 작용에 의해 행위하며, 도덕적인 선과 악의 감정을 느끼는지에 관한 탐구인 듯하다. 그러므로 흄이 채택하고 있는 '실험적 추론 방법'은 다름 아닌 경험과 관찰에 의해 보장되고 지지되는 결론들만을 받아들여 이로부터 하나의 일반 원리를 얻어내는 것이다. 다른 말로 하면 "개별 사례들 사이의 비교로부터 일반 원리를 도출하는 것"(T 8)이다. 이렇게 보면, 일반적으로 그가 추구한 것은 인간의 사고나 느낌, 활동을 경험적으로 도출된 원리에 의해 인과적인 방식으로 설명하는 일종의 '기술심리학'이라고 볼 수 있다.

앞서 살펴본 흄의 인상과 관념의 구분 그리고 이들의 관계에 관한 논의는 앞서 설명한 흄의 전반적인 의도와 그것의 실행을 위한 소정의 방법과 절차를 제시하고 있는 듯하다. 즉 인간의 마음을 이해하기 위해, 따라서 왜 지금과 같은 방식으로 사고

하는가를 이해하기 위해서 우리는 그러한 사고방식의 근원을 발견하도록 노력해야 한다는 제안이다. 즉 흄의 기본 입장 중의 하나는, 사고의 모든 양태에 대해서 가능한 정도까지 기원적 또는 발생적 설명이 주어질 수 있다는 것이다. 그런데 이러한 탐구 계획은 로크로부터 채택된 관념 이론의 근본 전제와 결합된다. 이에 따르면 모든 마음의 내용은 지각으로 이해된다. 사고하는 것 그리고 정신적 활동이란 다름 아니라 '마음 앞에 지각이 나타나는 것'이다. 따라서 인간 정신에 관한 진정한 연구는 어떻게 이러한 지각들이 마음에 최초로 나타나는지, 그리고 왜 그것들이 현재의 모습으로 마음에 나타나는지에 관한 연구가 된다.

앞서 살펴보았듯이 흄의 이런 탐구의 결론은 지각들은 적어도 부분적으로는 우리가 특정한 감각인상을 가진 결과로서 존재한다는 것이다. 이러한 결론에 따라서 《논고》 1권 1부 1절 이후에서 전개되는 인간 정신에 대한 흄의 검토는 우리의 마음에서 발견되는 여러 관념, 예를 들면 인과성 관념 또는 도덕적 선과 악의 관념 등의 기원을 감각경험에서 발견하려는 시도로 진행되고 있음을 볼 수 있다.

이렇게 볼 때 관념의 이론 또는 흄의 철학 전반에 대한 의미론적 이해는 두 가지 측면에서 한정적으로 적용될 수 있을 것이다. 즉 형이상학 비판의 측면에서, 다시 말해서 아직은 시작

단계에 불과한 것으로 여겨지는 자신의 탐구를 이성론자들의 비판에서 보호하는 측면에서, 그리고 모든 학문에서 필수적으로 전제되는 의미의 명료화라는 측면에서, 즉 인간학의 과제를 수행하기 위해 필수적인 것으로서 '인상'이나 '관념' 또는 '원인'이나 '자아', '도덕적 선' 등과 같은 용어들에 대한 의미의 명료화를 꾀하는 측면에서이다. 그러므로 흄의 논의에서 보이는 의미론적 또는 논리실증주의적 요소는 상당히 한정되어 있으며, 오히려 흄 자신의 근본 의도를 실행하는 데 장애가 되기도 한다.

크게 보아서 흄의 철학이 지니는 가치는 비단 논리실증주의에서의 선구적 견해에서뿐만 아니라 《논고》의 서론에서 제안하고 계획한, 그리고 관념의 이론을 포함하여 그가 다루고 있는 여러 주제들을 통해서 실행되고 있는 과제와 이러한 과제의 실행을 통해서 제기되는 다양한 문제들과 여기서 노출되는 논점들에서 더욱 풍부하게 드러날 수 있을 것이다.

# 10 지식의 정당화 문제

## 1. 지식에 대한 회의와 확신, 그리고 정당화 문제

모든 시대에 걸쳐 지식에 대한 우리의 탐구는 그 안에 진리에 대한 회의와 확신이라는 두 가지 요소를 포함하고 있다. 이 두 요소는 서로에게 작용하여 어떤 경우에는 상쇄적이거나 파괴적인 결과를 낳는 듯이 보이기도 하지만, 다른 많은 경우에는 상보적, 상승적으로 작용함으로써 앎에 대한 우리의 이해를 넓고 깊게 만들어준다. 비유를 사용하자면, 지식에 대한 탐구가 참된 앎이라는 목적지를 향해 나아가는 쌍두마차라고 한다면, 확신과 회의는 이 마차를 끄는 두 마리의 말과도 같다.

이러한 상황은 철학사를 통해서도 잘 드러난다. 진리에 대한

소크라테스의 확신이 확산되기 전에 고대 그리스의 아테네에
는 이미 소피스트들의 회의주의 및 상대주의가 널리 퍼져 있었
다. 유럽의 중세 천 년을 이끌었던 그리스도교 사상은 확신과
낙관의 인식론에 발판을 두었었지만, 이런 확신의 배후에는 아
테네 전성기 이후, 초기 로마 제국에 널리 퍼져 있던, 피론
Pyrrho of Elis을 선두로 한 에피쿠로스와 스토아학파의 회의론
이 있었다. 근대에 이르러, 데카르트에서 비롯되고 칸트에서
정점에 도달한 지식에 대한 확신이나 낙관은 중세 말, 근대 초
부터 확산된 회의론의 조류에 대한 인식론적 대응의 결과였다.
이렇게 보면 서구 인식론의 역사는 회의와 확신이 서로 부딪치
고 밀치는 과정에서 우리 지식의 봉우리가 조금씩 솟아오르게
되는 과정의 연속이라고 볼 수 있겠다.

다른 한편으로 이러한 참된 앎에 대한 회의와 확신은 모든
시대에 걸쳐 인식론적 탐구를 구성하는 양대 요소이기도 하지
만, 어떤 경우에는 철학자들의 탐구 활동 내에서 작용하는 주
요 요소들이기도 하다. 예를 들어 데카르트는 근대 초기에 수
학과 자연과학의 방법을 통해 얻은 지식들이 정말로 믿을 만한
지식이라는 자신의 확신을 뒷받침하기 위해 진력한 확신의 철
학자였지만, 한편으로는 고대, 중세의 낡고 불량한 지식들에
날카로운 의심의 눈길을 던졌던 회의의 철학자이기도 했다. 이
런 의미에서 데카르트의 방법적 회의는 새로운 확신에로 나아

가기 위한 길을 닦는 역할을 했다. 이렇게 보면 데카르트 한 사람의 철학 내에서도 회의와 확신은 서로 상보적이고 상승적으로 작용하여 그의 철학을 풍성하게 만들고 있음을 알 수 있다.

한 철학자 내에서 회의와 확신 사이의 상보와 상승 작용은 흄에게서도 관찰되는데, 이에 대해 상세히 살펴보는 것이 이 장의 주제이다. 즉 이 장에서는 근대 철학에서 경험론을 철저히 밀고 나간 철학자로 널리 알려져 있는 흄이라는 철학자를 놓고 그의 지식론 안에서 회의와 확신이 어떻게 서로 작용하고 있는지, 그리고 그 결과로서 그의 철학이 최종적으로 도달하는 입장은 무엇인지에 대해 살펴볼 것이다.

흄에게서 회의와 확신, 및 이에 대한 그의 최종 입장은 지식의 정당화 문제와 밀접히 관련된다. 즉 지식을 정당화된 참인 믿음으로 정의할 때, 지식을 구성하는 이 세 가지 조건들(정당화, 참, 믿음) 가운데 하나인 정당화 조건에 관련된 인식론적 문제와 관련이 깊다. 이 문제를 놓고 대립되고 있는 대표적인 입장이 토대주의와 자연주의인데, 이것에 관해 간략히 살펴보자.

먼저 토대주의는 전통적 인식론의 주요 특징을 보인다. 데카르트 이래로 서구 철학은 인식론에 중심을 두어왔으며, 철학자들은 이러한 인식론적 관점으로부터 제일 철학 또는 '과학 중의 과학'의 이상을 이룩하고자 했다. 이러한 과제는 고대 그리스 및 중세 철학에서는 형이상학적 또는 존재론적 관점에서 추구

되었던 것이기도 하다. 이러한 철학적 전통은 근대에 이르러 인식론 쪽으로 시점이 바뀌어 전승되었으며, 확고한 토대로 기능하는 몇몇 신념들 위에 우리의 지식 체계를 확립하고자 하는, 토대주의가 근대 철학의 특징적 성격으로 자리 잡게 되었다.

근대 이성론의 대표자인 데카르트에 따르면, 우리의 전 지식은 몇 개의 자명한 진리들에 기초하고 있으며, 이로부터 나머지 모두가 연역적으로 도출될 수 있다. 이러한 토대가 없다면 지식의 전체 구조는 회의론의 공격 앞에서 붕괴되어버릴 것이다. 다른 한편으로 경험론자들은 지식의 토대를 감각경험의 요소들로 이루어진 것으로 보았다. 로크에 따르면, 그것은 우리가 우리의 감관을 사용할 때 마음에 새겨지는 '관념'으로부터 이루어진다. 현대에 이르러 카르납과 에이어와 같은 경험론자는 모든 진정한 지식을, 발화자의 직접적인 '감각 자료'에 근거한 '기초 명제들' 또는 '분자 문장들'로 분석하고자 했다. 이처럼 전통적 인식론의 주요 임무는 회의적 도전에 맞서 '지식의 토대'를 확립하는 일이었다. 전통적으로, 인식론은 '확실성의 추구'로 불리는 것에 개입해왔다. 회의의 가능성, 그리고 회의가 허용된다면 이것이 지식의 토대를 무너뜨릴 것이라는 우려 때문에, 철학자들은 흔들리지 않는 지식의 토대를 다지는 길을 모색해왔던 것이다.

토대주의 인식론에 따르면 지식이 정당화되기 위해 필요한 두 가지 조건이 있다. 첫째, 기초 신념은 스스로 정당화되어야 하지 다른 신념들과의 관계에 의해 정당화되어서는 안 된다. 둘째로 모든 정당화된 신념들은 자기 정당화된 기초 신념들에 의해 정당화된다. 이런 모델 위에서 정당화의 이론은, 자기 정당화되는 그리고 모든 비기초 신념들을 정당화해주는 기초 신념들이 존재한다고 하는 주장이 된다. 토대주의는 기초 신념이 진리의 보증이 된다는 것을 가정한다. 근대의 이성론자들과 경험론자들은 이런 토대주의의 근본 개념을 공유한다. 그들은 정당화를 진리의 보증자로 생각한다. 경험론자는 경험이 기초 신념의 진리를 보증할 수 있다고 생각하며, 이성론자는 이성이 진리의 보증자라고 생각한다. 기초 신념들은 오류일 수 없다는 이유에서 기초적이며, 그것들의 진리는 보증되어 있다는 것이다. 이러한 지식의 정당화 문제에 관한 개략적 상황을 놓고, 다음에 이어지는 절들에서 회의와 확신의 과정을 통해 흄이 도달한 최종적인 입장은, 지식의 정당화의 문제와 관련되어 어떤 입장일까에 대해 살펴보자.


## 2. 흄의 회의

흄은 그의 《논고》에서 기초 신념의 정당성을 전통적 인식론

의 입장에서 검토한다. 그가 기초 신념이라 생각하는 것에는
크게 세 가지가 있는데, 인과성, 물리적 대상들의 존재, 자기
동일적 자아의 존재에 대한 신념이 그것이다[17] (흄이 《논고》 1권에
서 집중적으로 탐구한 이 세 가지 신념들에 대해 흄 연구가들은 '근본 신념
fundamental belief' 또는 '자연적 신념natural belief'이라는 용어를 주로
사용한다[18]).

　이런 신념들의 정당화 문제에 관한 그의 탐구는 먼저 회의론
에서부터 출발한다. 즉 근본 신념들은 전통적인 방식으로는,
즉 이성적으로든 경험적으로든 정당화되지 않는다는 입장에서
부터 출발한다. 근본 신념의 정당화에 관한 흄의 회의론 논증
은 대체로 다음과 같이 진행된다. 기초적인 것들에 대한 우리
의 신념에 대해 두 가지 정당화의 방법들이 가능하다. 그 하나
는 직접 관찰에 의한 정당화이며, 다른 하나는 추론적 정당화
이다. 여기서 후자는 다시 두 가지로 나뉜다. 즉 감각적 증거에
기초한 추론적 정당화(귀납적 정당화)와 증명적인 추론적 정당화
(연역적 정당화)가 그것이다. 흄은 이런 정당화의 가능성들을 모
두 검토한 뒤 회의적인 결론에 도달한다.

　첫째로 인과관계에 대한 우리의 신념을 보자. 우리가 두 개
의 사건들 사이의 인과적 고리를 과거에 경험해왔고, 지금 그
중 하나의 사건을 관찰한다면, 우리는 즉시, 다른 하나도 반드
시 발생할 것이라고 믿게 된다. 흄의 용어로 말하자면, 우리의

마음은 하나의 관찰로부터 다른 하나의 관찰되지 않은 신념에로 옮겨간다. 우리의 귀납적 사고의 밑바닥에서 일어나는 일이 바로 이러한 마음의 활동이다. 흄은 이러한 추론 작용(마음의 전이)의 적법성을 문제 삼는다. 이러한 실행은 합리적 방식으로 정당화될 수 있는가? 이에 답하기 위해 우리는 그 추론을 정당화하는 어떤 이성적 논증이나 경험적 증거를 제시할 수 있어야만 한다. 경험적 증거의 제시는 이미 원리적으로 불가능하다. 문제의 신념은 그 자체가 관찰을 넘어선 어떤 것에 대한 우리의 신념이기 때문이다. 이성적 논증의 가능성은 자연의 일양성 the uniformity of nature에 대한 우리의 신념을 비판하는 흄의 논증에 의해 제거된다.(T 88~90)

인과추리 또는 귀납추리의 토대로서의 자연적 일양성에 관하여, 우리가 과거의 규칙성을 미래에로 투사할 때, 우리가 가정하는 것은 무엇인지에 대해, 그것은 다음과 같은 원리라고 흄은 답한다. 즉 "우리가 아직 경험하지 못한 사례들이 우리가 일찍이 경험했던 사례들과 유사함에 틀림없다는, 그리고 자연의 진행과정은 언제나 일양적으로 동일하게 지속된다".(T 89)는 원리라는 것이다. 예를 들어 내가 하나의 당구공이 다른 공에 부딪히는 것을 보며 이런 충돌이 다른 공의 운동을 일으키리라고 믿는 것은, 내가 아직 관찰하지 못한 사건들이 내가 과거에 관찰했던 사건들과 유사하다는 신념, 즉 '자연의 일양성'

에 대한 나의 신념에 기초한다.

　이 원리가 바로 경험을 넘어선 사실 추론의 토대임을 밝히면서, 흄은 이것의 정당성을 묻는다. 그러면서, 그는 이 자연의 일양성 원리가 이성에 기초하는지 아니면 경험에 기초하는지를, 다시 말해서 이 원리가 지식의 문제인지 아니면 개연성의 문제인지를 검토한다. 흄은 이렇게 말한다. "따라서 이 문제를 분명히 하기 위해, 그러한 명제[원리]를 지지하는 모든 논증들을 고찰해보자. 그리고 이것들은 지식이 아니면 개연성에서 와야 하기 때문에, 눈을 각각의 다른 정도의 명증성에로 돌려, 그것들이 이런 본성에 관해 어떤 정당한 결론을 허용하는지 살펴보자."(T 89) 그는 두 가지 종류의 논증을 고찰한다. 증명적 논증demonstrative argument과 관찰 및 경험에 기초한 논증이 그것이다.

　자연의 일양성 원리를 지지하는 증명적 논증은 있을 수 없다. 그 명제의 참을 부정하는 것이 언제가 가능하기 때문이다. 즉 그 신념의 참을 부정해도 아무런 모순을 포함하지 않기에, 분석적인 또는 필연적인 명제가 아니다. 흄에 따르면, "우리는 적어도 자연의 과정에서 변화를 생각할 수 있다. 이것은 그러한 변화가 절대로 불가능하지는 않다는 것을 충분히 입증한다".(T 89)

　다음으로 흄은 그 원리가 관찰과 경험에 관한 개연적 고찰에 기초하지 않는다는 것을 보인다. 경험 자체만으로는 아직 관찰되지 않은 것이 과거에 관찰된 것과 유사하리라고 믿을 이유를 제공할 수 없다. 왜냐하면 그 어떤 '관찰에 기초한 논증'도 순환적일 것이기 때문이다. 경험에의 호소는 논점을 선취한다. 왜냐하면 "개연성은 우리가 경험했던 대상들과 그렇지 않은 대상들 사이의 유사성의 가정에 기초하며, 그렇기에 이러한 가정이 개연성으로부터 생겨나는 것은 불가능하기 때문이다".(T 90)

결국 흄의 결론은 이러하다. "우리는 우리가 경험했던 대상들과 우리의 관찰 한도 너머에 있는 대상들 사이에 유사성이 있음에 틀림없다는 것을 가정할 뿐이지 결코 입증할 수는 없다."(T 91~92) 그러므로 우리는 경험을 넘어선 사건들에 관한 그 어떤 신념에 대해서도 정당성을 얻지 못한다. 다시 말해서 귀납에 관한 흄의 결론은, 그 어떤 논증도 귀납이 의존하는 일양성 원리를 정당화할 수 없기 때문에 우리의 귀납적 추론을 정당화할 수 없다는 것이다. "대상들 자체에는 그것을 넘어선 결론을 추론해낼 근거를 우리에게 제공해줄 수 있는 그 어느 것도 없다. 그리고 대상들의 빈번한 또는 항시적 동반을 관찰한 후조차도, 우리는 그 어떤 대상에 대해 우리가 경험했던 것들 이상의 추론을 이끌어낼 아무런 이유도 가지지 못한다."(T 139) 결국 인과적 추론은 그 어떤 합리적 방법으로도 정당화될 수 없다는 것이 흄의 결론이다.

　다음으로 흄은 외부 세계(즉 물리적 대상)의 존재에 대한 신념에 대해서도 그 이성적 정당화에 대해 극단적인 회의론 논증을 제시한다. 흄에 따르면, 우리는 우리에게 감각경험의 '항시성 constancy'과 '정합성coherence'이 주어질 때, 물리적 대상의 지속적이고 독립된 존재를 믿게 된다. 이런 신념이 경험적 증거에 의해 정당화될 수 없음은 명백하다. 흄에 의해 제기된 물음 자체가 이미 우리는 지속적이고 독립된 물리적 대상을 관찰하는 것이 아니라 우리의 감각 자료가 보여주는 항시성과 정합성만을 관찰할 뿐임을 전제하고 있기 때문이다. 따라서 이성적 논증을 제공하는 방법만이 남는다. 이에 대해 흄은 지각 표상설에 기초한 철학적 입장을 검토하고, 이런 입장의 난점을 지적함으로써 이성적 논증의 가능성을 부정한다.

　철학적 체계는 일상적 체계와 동일한 기초 가정을 유지하고 있다. 흄에 따르면, "우리를 대상과 지각이라는 이중적 존재의 견해로 이끌 만한 오성 또는 환상의 원리는 결코 없으며 우리는 단지 중단된 지각들의 동일성과 지속성에 대한 일상적 가설을 통함이 없이 그것〔철학적 체계〕에 도달할 수 없다".(T 211) 비록 그런 체계가 우리의 지각은 잠시적이고 사멸하며 감각기관에 의존하다는 반성에 기초할지라도, 이성 혼자만으로는 지각들의 원인으로서 대상의 존재를 추론할 수 없다. 여기서 흄은 로크와 같은 표상적 실재론자들에 의해 자주 사용되는 '인과적 논증'을 비판하고 있다. 즉 "지각을 제외한 어느 것도 마음에 나타나지 않으므로 우리는 여러 다른 지각들 간의 원인과 결과의 관계 또는 연관은 관찰할 수 있을지라도, 지각들과 대상들 간의 그것은 결코 발견할 수 없다".(T 212) 그러므로 흄은 지각의 존재나 성질들에 기초하여 대상의 존재를 지지하는 어떠한 논증도 구성할 수 없다고 결론짓는다.

이런 이유에서, 흄은 이러한 철학적 체계는 일상적 체계와 마찬가지로 상상력을 통해서 자신의 영향력을 획득한다고 주장한다. 사실상 전자의 체계가 그럴듯하게 보이는 것은 상상력의 작용 때문이며, 그렇기에 전자는 상상력으로부터 자유로울 수 없다. 흄에 따르면, "철학적 체계는 이성에 대해서도 상상력에 대해서도 아무런 우위를 얻지 못한다".(T 213) 결국 철학적 체계가 지니는 그럴듯함은 이것이 극복했다고 주장하는 일상적 체계에 토대를 두고 있는 것이다.

나아가서, 철학적 체계는 대상과 지각이라는 이중 존재를 상정함으로써 추가적인 오류를 범하고 있다. 이것은 '대상'의 개념을 도입함으로써 사실상 새로운 부류의 지각들을 창출했다고 흄은 생각한다. "나는 대상을 새로운 종류의 지각이라고 말한다. 왜냐하면, 우리가 대상을 그 성격상 지각과 정확하게 동일한 어떤 것이라고 일반적으로 추정하는 데에—비록 이에 대해 판명하게 사유하는 것은 불가능할지라도—문제가 없기 때문이다.”(T 218) 대상이라는 새로운 부류의 지각들을 가정하는 것은 단순히 지각들을 두 배로 만드는 것이며, 결국 철학적 체계는 지속성과 독립성을 이러한 이중화된 지각들 중 오직 한 집단에 부여하는 것이 된다. 이것은 동일한 종류의 지각들에 서로 다른 속성을 부여하는 것이기에 명백한 오류이다. 그러므로 흄의 결론은 인과적 신념의 경우와 마찬가지로 부정적이다. 지속적이고 독립적인 물리적 대상이 존재한다는 우리의 신념은 그 어떤 합리적 논증에 의해서도 정당화되지 못한다는 것이다.

마지막으로 자아에 관한 신념에 대해서도 흄은 그 정당화 가능성을 부정한다. 먼저 그러한 신념은 우리의 감각에 근거하지 않는다. 다시 말해 그것은 경험적 증거에 의해 정당화되지 못한다. 우리는 '자아'라고 하는 단일한 인상을 관찰할 수 없으며, 자아가 한 무리의 지각들이라 여겨진다면, 이것들 사이의 동일성의 관념을 관찰할 수 없다. 또한 그 신념은 이성에 근거하지도 못한다. 즉 이성적 논증에 의해 정당화되지 못한다. 왜냐하면 '자아'라고 하는 실체를 가정함으로써 그 신념을 정당화하려는 그 어떤 형이상학적 이론도 유지될 수 없기 때문이다.[19]

논의의 시작을 위해, 흄은 경험론적 성격의 형이상학적 논제, 즉 영혼 혹은 자아가 실체로서 존재한다는 논제를 검토한다. 즉 흄이 첫 번째 과녁으로 삼는 것은 우리는 저마다 이른바

자아라고 불리는 것을 우리 자신의 경험을 통해 직접 의식한다
는 논제이다. 흄의 관찰에 따르면 "우리는 자아라고 불리는 것
을 매 순간마다 직접 의식하며, 그 존재와 존재의 지속성을 느
낀다고 생각하며, 그것의 동일성과 단일성에 관해 증명의 명증
성 이상으로 확신하는 몇몇 철학자들이 있다".(T 251) 만일 이
들의 주장이 맞다면, 자아에 관한 우리의 신념은 감각으로부터
직접 나오는 것이 될 것이며, 감각에 근거를 두고 있는 것이 될
것이다. 그러나 흄은 이러한 가능성을 부정한다. 그러면서 그
는 여느 때처럼 이렇게 묻는다. "이러한 관념은 어떤 인상으로
부터 도출될 수 있는가?" (T 251) 나아가서 다음과 같이 논증한
다. 자아의 관념은 우리의 인상에 준거하므로, "만일 어떤 인
상이 자아의 관념을 일으킨다면, 그 인상은 우리 삶의 전 과정
을 통해서 동일한 것으로서 불변적으로 지속되어야 할 것이다.
왜냐하면 자아란 그런 식으로 존재한다고 상정되기 때문이다.
그런데 그런 항시적이고 불변하는 인상이란 없다". 결국, 흄은
결론짓기를, "그런 관념은 없다".[20](T 251) 이렇게 흄은 우리의
관념의 근거 혹은 근원이 우리의 감각에 있을 가능성을 부정한
다. 흄은 이 논점을 계속 진행하여, 이렇게 말한다. "나로서는,
이른바 나 자신이라는 것에 가장 근접해 들어갈 때, 나는 늘 더
움이나 차가움, 밝음이나 그늘짐, 사랑이나 증오, 고통이나 쾌
락 등의 몇몇 개별적 지각들만을 마주치게 된다. 나는 그 어느

순간에도 지각 없이는 나 자신을 결코 파악할 수 없으며, 지각 말고는 결코 아무것도 관찰할 수 없다."(T 252) 다시 말해서 흄에 따르면, 내성을 통해서는 자아의 관념의 근원이 되는 아무런 인상도 발견할 수 없다는 것이다. 우리 각자가 내부를 살펴볼 때, 우리는 다만 생각들, 느낌들, 바람들을 발견할 뿐이며, 우리의 자아들을 발견하지는 못한다는 것이다.

이러한 근본 신념들의 정당화에 관한 흄의 회의론적 탐구에는 다음과 같은 두 가지 제약이 따른다. 먼저, 흄이 도달한 이런 종류의 회의론은 보편적이지 않고 지엽적이다. 즉 앞서 제시된 흄의 회의적 논증은 특정 신념들, 즉 현재의 관찰을 넘어선 사실판단들에만 한정되어 적용되고 있다. 다시 말해서 흄에게서 회의의 대상이 되는 신념들은 현재의 관찰을 넘어선 기초적인 사실판단들이다. 둘째로 흄에 있어서 정당화의 개념은 전통적인 의미에 한정되어 있다. 즉 합리적 정당화와 경험적 정당화에 한정되어 있다. 흄은 다른 방식의 정당화, 예를 들어, 프래그머티즘pragmatism이 시도하는 실천적 정당화나 칸트와 같은 철학자에게서 보이는 초월론적 정당화는 고려하고 있지 않다. 흄의 이러한 회의론이 지닌 제한들이 함축하는 바는 무엇인가? 먼저 이러한 회의론을 가지고 흄은 합리적 정당화에 관한 전통적인 개념에 반대한다는 것이다. 달리 말해서 흄은 정당화에 있어서 이성의 전통적인 역할에 반대한다. 이렇게 지식 일반에 있어 이성의 전통적 지위를 불신하는 것은 흄 사상의 저변에 있는 근본적인 사고이다. 흄의 정당화 회의론은 바로 이러한 이성 능력에 대한 회의론과 밀접히 연계되어 있다. 다음으로 흄의 회의론은 인간에 대한 전통적인 이성론적 개념에 반대하는 것이 된다. 흄은 회의론을 통해 인간을 독자적 이성을 가진 행위자로 보는 전통적 인간 이해에 반대한다. 즉 그어떤 신념들도 이성적인 근거 위에서 획득된 것이 아님에도 불구하고 우리가 수많은 신념들을 유지하고 있다면, 이성주의적 인간관은 거부되어야 할 것이다.

그러나 흄의 정당화 회의론이 함축하는 가장 중요한 것은 이것은 전통적 인식론에 대한 정면공격의 성격을 띤다는 것이다. 다시 말해서 그의 회의론은 전통적인 토대주의적 인식론에 대한 공격이다. 이렇게 보면 흄은 반토대주의와 관련된다. 기초 신념의 합리적 정당화의 가능성에 대한 흄의 부정은 결국 전통적 철학의 토대주의적 계획을 사전에 무효화시켜버리기 때문이다. 데카르트 이래로, 근대 인식론의 주요 관심은 우리 지식을 위한 확고한 토대를 확립하는 데에 있었다. 이러한 토대주의적 프로그램은 크게 두 개의 다른 방식으로 수행되어졌는데 그 하나는 경험론적 방식으로, 다른 하나는 이성론적 방식으로이다. 이런 서로 다른 성격의 토대주의는 제 나름대로 신념들 또는 지식들을 정당화하고자 했다. 흄이 정당화의 두 가지 방

식의 가능성을 부정할 때, 그는 결국 '토대주의'라고 불리는
근대 인식론의 중심 기획을 거부하는 것이 된다.

'흄은 토대주의적 프로그램에 반대한다.'는 우리의 논제를
더욱더 확고하게 뒷받침하기 위해 흄 인식론의 또 다른 중요한
측면을 살펴봐야 할 것이다. 그것이 바로 흄의 자연주의이다.


## 3. 흄의 확신

### (1) 자연주의

흄의 지식에 관한 탐구는 회의론에서 끝나지 않는다. 흄이
한 걸음 더 나아가기 위해 주목한 것은, 앞의 세 신념들이 이것
들에 상응하는 인상들을 가지고 있지 않을지라도, 그리고 이성
적으로 정당화되지 않을지라도, 사람들은 어쨌든 저 세 가지
신념을 확고하게 유지한다는 사실이다. 사람들은 원인과 결과
의 필연적 결합을 확고하게 믿는다. 예를 들어 '내일 태양이
떠오를 것이다.' 또는 '모든 사람은 반드시 죽는다.'는 사실을
그저 그럴 법한 일이라고 말한다면, 이는 터무니없는 소리처럼
들릴 것임을 흄은 부인하지 않는다. 외부의 물리적 세계가 존
재한다는 믿음도, 지속적인 통일체로서의 자아가 존재한다는
신념도 역시 사람들의 마음속에 확고하게 자리 잡고 있음을 흄

은 결코 부정하지 않는다.

흄 철학의 이런 부분, 즉 '사람들은 근본 신념들을 확고한 것으로 받아들인다.' 는 점에 흄이 주목하고 있다는 사실은 흄 연구자들에게 일찍부터 간파되었다. 그 최초의 흄 연구자가 바로 캠프 스미스Norman Kemp Smith이다. 그는 흄 철학의 이런 점에 주목하여, 흄이 중점적으로 다룬 그의 근본 신념들에 '자연적 신념' 이라는 명칭을 부여하였으며, 이것을 가지고 흄 철학의 중심 사상을 설명한다. 캠프 스미스에 따르면, 흄 철학의 특징은 그의 자연주의에 있지 그의 회의론에 있지 않다. 이 자연주의는 흄의 다음과 같은 문구에서 요약적으로 표현되고 있다. "이성은 정념의 노예이며 또한 그래야만 한다."(T 415) 캠프 스미스는 이것을 다음과 같이 재서술한다. "흄의 철학은 회의적으로보다는 자연주의적으로 기술해야 더 적절하다. 그리고 그 주요한 지배 원리는 느낌과 본능에 대한 이성의 철저한 종속이며, 이 원리는 변함없는 실재의 사실이 아니라면, 그래야만 옳은 어떤 것이다."[21] 이것이 소위 흄의 '종속성 논제' 의 핵심이며, 또한 캠프 스미스가 흄의 중심 사상이라고 생각하는 것이다. '자연적 신념' 이라는 용어는 바로 이런 종속성 논제와 관련해서 사용되었던 것이다.[22] 또한 캠프 스미스는 종속성 논제를 "자연적 신념에 관한 이론"이라는 말로 설명한다.[23] 이는 특히 그가 《논고》와 《탐구》의 주요 주제들을 다룰 때 그러하다.

따라서 자연적 신념에 관한 흄의 견해는 그의 자연주의의 본질적 구성 요소이다. 캠프 스미스는 다음과 같이 강조한다. "이 자연적 신념에 관한 이론은 가장 본질적인 것 가운데 하나이며 아마도 흄 철학에서 가장 특징적인 이론일 것이다."[24] 흄이 어떤 근본 신념들을 자연적인 것으로 여길 때 그 요점은 그것들은 흔들릴 수 없는 확신으로 일상인들에 의해 받아들여진다는 것이다. 몇몇 중요한 신념들에 대한 설명을 통해 흄은 어떤 근본적인 것들을 우리가 믿을 때 거기에는 회피 불가능성이 있다는 것을 지적한다. 곧 우리는 어떤 것들을 믿는 데에 거스를 수 없다는 말이다.[25] 이 견해는 《논고》의 중심 주제인 세 가지 신념들에 관한 흄의 논의에서 공통으로 보인다. 우리의 인과적 신념을 검토하면서, 즉 원인이라 불리는 것과 결과라 불리는 것 사이의 항시적 동반이 주어지고, 이것들 가운데 하나가 현재 관찰될 때, 그 통상적 수반물의 발생을 기대하는 우리의 자연적 경향성을 검토하면서 흄은 한 가지 중요한 특성을 관찰한다. 즉 그런 신념을 가짐에 있어서 회피 불가능성(그 신념을 가지지 않을 수 없음)을 본다. "아무리 노력해도 마음이 그러한 전이에 거스르는 것은 거의 불가능할 것이다."(T 93) 물질 대상에 관한 우리의 신념에 관하여, 흄은 "감각에 관한 회의론에 대하여"라는 절의 서두부터 분명히 밝혀두고 있는데, 그 신념은 우리의 의지를 넘어선 어떤 것으로서, "자연이 미리부터 마음에 심어놓아 피할 수 없게 만들어버린", 그래서 "우리가 우리의 모든 추론에서 당연히 받아들여야만 하는"(T 183) 것이라고 말한다. 마찬가지로 자아에 대한 우리의 신념도 피할 수 없는 어떤 것으로 설명된다. "이러한 실수를 하는 경향성은 너무도 커서…… 우리는 우리가 깨닫기도 전에 거기에 빠져든다. …… 우리는…… 이런 치우침을 상상력에서 제거할 수 없다."(T 254)

그렇다면 이러한 확고한 신념은 어디서 나왔는가? 그것은 궁극적으로 우리 마음의 자연적 경향성에서 나왔다고 흄은 결론짓는다. 그에 있어서 자연적 경향성이란 '상상력', '본능'과 바꾸어 쓸 수 있는 개념으로서 우리 마음의 작용을 설명하는 근본원리에 해당한다고 볼 수 있다. 사물이 인과적으로 움직인다고 하는 우리의 신념, 물리적 대상들로 이루어진 외부 세계가 존재한다고 하는 신념, 그리고 자기동일성을 지닌 자아가 존재한다는 신념들도 결국은 이러한 인간의 본능적 경향성으로 인해서 생겼다고 하는 것이 근대 인식론의 주요 주제들에 대한 그의 인간학적 탐구의 최종 결론이다. 인과의 신념에 관하여, 원인과 결과의 '항시적 동반constant conjunction', 즉 두 가지 대상들 사이의 지속적인 동반을 반복적으로 관찰함으로써 사람들은 필연적 결합을 믿게 된다는 것이다. 또한 물리적 대상의 존재에 대해, 흄은 이런 신념을 일으키는 인상들 사이에 관찰되는 '항시성'과 '정합성'이라는 성질에 주목한다. 이러한 성질을 보이는 일련의 인상들에 대해 마음은 '지속 판명한 존재'의 관념으로 전이한다는 것이다. 마지막으로, 자아의 관념을 일으키는 인상들은 '유사성'과 '인과성'의 성질을 보인다. 이러한 두 가지 성질로부터 우리의 마음은 자연스럽게 '동일성'의 관념 쪽으로 이전해간다는 것이 흄의 설명이다.

이렇게 인과성, 외부 세계, 자아에 대한 관념(또는 신념)의 근원을 찾는 흄의 작업은 인간 마음의 특정한 자연적 경향성을 확인하는 데에서 끝난다. 흄에 있어서 이것이 우리의 지식에 관해서 말할 수 있는 전부이다. 흄의 이러한 탐구는 비단 인식론적 주제들에 한정되지 않는다. 도덕과 종교에 관해서도 흄은 마찬가지 방식으로 탐구한다. 이러한 탐구가 바로 흄이 주창한 '인간학'의 내용이며, 이런 점에서 흄은 무엇보다도 인간 본성을 탐구한 철학자라고 할 수 있다. 그렇기에 경험론자로 그리고 회의론자로 널리 알려져 있는 흄에게 오늘날의 흄 연구자들이 추가적으로 부여하는 명칭이 바로 '자연주의자'이다.


### (2) 상상력의 확신

그렇다면 흄에게서 확실한 것은 무엇인가? 우리의 믿음에 확신을 주는 것은 무엇인가? 바로 상상력이다. 이것이야말로 흄 자연주의의 특징이며, 이것은 또한 현대 지식론에서의 자연주의와의 차이이기도 하다. 흄에게 있어, 기초 신념들이 지니는 '흔들리지 않는 확신'은 바로 상상력의 작용에 기인한다. 다시 말해서 흄 자연주의의 중심 논제는 '우리의 기초 신념들은 궁극적으로 인간 본성의 자연적 경향성에 뿌리박고 있다.'는 것이다. 즉 이런 신념들은 이것들이 우리의 이성이 아니라 우리의 인간 본성에 바탕을 두고 있기 때문에 우리에게 확고하게 유지된다는 것이다. 한마디로 그것들은 본능적 반응이다. 이런 특징이 흄 자연주의의 핵심이며 나아가서 바로 이것이 그 신념들의 흔들리지 않는 확신을 설명해주는 것이다.

본능적 반응에 관한 흄의 논제는 그의 저작 전반에 걸쳐 그 흔적이 보인다. 앞 절에서 살펴보았듯이, 흄은 기초 신념들에 대한 우리의 확고한 믿음에 관련된 마음의 작용을 기술하기 위해 다양한 용어를 사용한다. 예를 들어 '상상력', '인간 본성', '동물적 본능', '자연적 본능', '습관', '느낌', '감성', '자연적 경향성', '동물적 정신과 정념의 과정', '자연의 맹목적이고 강력한 본능'과 같은 표현들을 사용한다. 이런 다양한 표현들을 대표하여 '본능적 반응'이라고 부를 수 있겠다.

이 본능적 반응에 대한 다른 표현들에 대해 조금 더 살펴보자. 흄은 자주 '습관' 및 '느낌' 또는 '감성'이라는 표현을 사용한다. 흄에 따르면, "원인과 결과에 관한 우리의 모든 추론은 습관 말고는 그 어느 것으로부터도 나오지 않는다. 그리고 그 신념은 더 제대로 말하면 우리 본성의 인지적 부분의 작용이라기보다는 감성적 부분의 작용이다".(T 183) '습관'에 관하여 흄은《논고》3부 8절에서 신념의 원인들에 대해 논의하면서, (일정량의 과거 경험이 주어질 때) 현재 인상에서부터 관찰되지 않은 관념에로의 전이를 습관의 작용으로 설명한다. 흄은 다음과 같이 쓴다. "이제 우리가 과거의 반복으로부터 진행하는 모든 것을 습관이라 부름으로써 우리는 다음을 하나의 확실한 진리로 확립할 수 있다. 즉 현재의 인상에 뒤따르는 그 어떤 신념도 오로지 그러한 근원(즉 습관)으로부터 나온다는 것을 말이다. 우리가 두개의 인상들이 서로 연관되는 것을 보는 데 익숙해질 때 관념은 즉시 우리를 다른 하나의 관념에로 움직이게 한다."(T 102~103) 또한 이어지는 글에서 그는 이렇게 말한다. "대상들에서는 아무런 상호 연결도 발견되지 못한다. 또한 우리가 하나의 출현으로부터 다른 하나의 존재를 추론할 수 있는 것은, 상상력에 작용하는 습관 말고 그 어떤 다른 원리에 의한 것도 아니다."(T 103)

이런 구절들에서 우리는 흄이 우리의 신념 형성 작용은 곧 '습관'이라고 하는 일종의 자연적 반응이라 생각하고 있음을 알 수 있다. 흄에게 이런 습관 또는 습관적 행위는 기본적으로 본능이라는 말로 이해된다. 유사한 맥락에서 흄은 '본능적 반응' 또는 '상상력의 작용'을 '느낌 혹은 감성'이라는 말로써 설명하는데, 이로부터 우리는 그것의 비인식적 특성을 이해할 수 있다. "따라서 모든 개연적 추론은 일종의 감성 이외에 아무것도 아니다. 우리가 취미와 감정에 따라야만 하는 것은 단지 시나 음악에서만이 아니라, 철학에서도 마찬가지이다. 내가 어떤 원리에 대해 확신을 가질 때, 내게 더욱더 강하게 떠오르는 것은 오직 관념이다. 내가 일단의 논증들을 다른 논증들보다 선호할 때, 나는 그 논증들이 지닌 영향력의 우세함에 대한 느낌에 기초해서 결정하는 것에 지나지 않는다." (T 103)

덧붙이자면, 앞에서 다룬 흄의 근본 신념들은 흄에 의해 궁극적으로 이런 본능적 반응의 산물로 이해된다. 그것들은 무엇보다도 사람들이 자연적으로 유지하는 어떤 신념들을 의미한다. 이런 신념들의 근거는 경험적이거나 선험적인 증거들에서 발견될 수 없다. 이러한 근본 신념들에 관한 우리의 탐구를 통한 흄의 일차적 발견은 이것들의 참된 근거는 이성이 아니고 본능이라는 것이다. 다시 말해서 어떤 사물들을 우리가 믿는다는 것은 기본적으로 본능의 작용이지 '이성'의 작용이 아니라는 것이다. 흄은 《논고》 4장에서 이렇게 말한다. "이 모든 작용들은 일종의 자연적 본능들이며, 어떤 주론이나 사고 또는 이해의 과정도 이것들을 낳거나 또는 막을 수 없다." (T 183) 흄의 이런 설명에다 앞서 서술한 '흄의 회의'에 관한 절의 논점을 연결시켜보자. 즉 앞 절에서 인과성, 물질 대상, 및 자아에 관한 흄의 회의론을 살펴보았는데, 이에 따르면 이런 신념들은

그 어떤 합리적 논증에 의해서도 정당화되지 못한다는 것이었
다. 이제 우리는 왜 정당화되지 못하는지의 이유를 흄에게서
발견할 수 있다. 왜냐하면 그것들은 기본적으로 본능에 기초하
는 것들이기 때문인 것이다.


### 4. 흄의 반토대주의


　이렇듯 흄의 회의와 확신을 인식론의 정당화 문제와 관련시
켜 살펴보면, 우리는 아래와 같은 결론에 도달하게 된다. 먼저
자연주의자로서의 흄은 지식의 문제에 있어 토대주의적 기획
에 반대한다. 무엇보다도 흄이 보기에 기초 신념들은 정당화
되지 않기 때문이다. 나아가서 그런 신념들은 정당화의 문제에
열려 있기보다는 오히려 우리 지식의 조건에 대한 연구를 진행
하기 위해 우리가 당연히 받아들여야 할 것들이다. 이런 논점
들을 고려하면, 흄의 중요한 생각 중의 하나가 바로 전통적인
인식론의 정당화 프로그램을 거부하는 것이며, 그리하여 그는
이 문제에 있어 궁극적 정당화의 문제에 더 이상 집착하지 않
고 자신의 ‘인간학’을 계속 진행한다.
　흄의 자연주의에서 정당화의 거부라는 논제는 흄의 근본적
인 사상을 재확인해보면 더욱 확실해진다. 인간 본성을 탐구한

결과로서, 흄은 몇몇 기초적인 것들을 믿는 우리의 행태는 기본적으로 우리의 본능에 속한다는 것을 알게 된다. 우리가 이 논제를 반토대주의 노선과 관련시켜 고찰할 때, 더욱 분명해지는 것은 그는 사실상 이성의 정당화적 요구를 거부하고 있다는 것이다. 그의 저술들 도처에서, 그는 '이성'을 '자연적 본능'에 대비시킨다. 이성은 추론을 요구한다. 일상적 삶의 제약에서 벗어나, 이성은 우리의 신념들에 대한 증거적 토대를 찾도록 우리를 고무하는 방식으로 정당화의 문제를 제기한다. 그러나 이성은 또한 모든 토대주의적 기획을 붕괴시키는 회의론적 논증을 제공하기도 한다. 흄이 말하듯이, "만일 이성을 추상적인 관점에서 고찰한다면, 그것은 자기 자신에 대립하는 이기기 힘든 논증들을 제공한다". 이런 상황에서 흄이 택한 대안은, 신념은 상상력 또는 본능의 산물임에 틀림이 없다고 주장하는 것이다. 이런 점에서 흄은 정당화에 대한 요구를 거부하고 있는 것으로 여겨질 수 있는 것이다. 다시 말해서 흄이 우리의 기초 신념들을 본능에 근거지우는 것은 정당화의 요구에 답하려 하기보다는 그 요구를 사전에 틀어막으려는 의도를 보여준다고 말할 수 있다.

흄은 《논고》 1권 3부를 끝마치는 글에서 인간 마음의 작용은 동물적 본능의 작용과 동일하며, 이러한 본능이 우리 사고의 근원이라는 견해를 펼친다. 흄은 이렇게 말한다.

문제를 제대로 고찰하자면, 이성은 한낱 우리 영원 안에 있는 놀랍고도 불가지한 본능에 불과하며, 이것이 우리로 하여금 특정한 일련의 관념들을 따라가게 하고 그 관념들의 특수한 상황과 관계에 따라 그것들에게 특정한 성질들을 부여한다. 이러한 본능적 작용이 과거의 관찰과 경험으로부터 생겨나는 것은 사실이다. **그러나 왜 과거의 경험과 관찰이 이와 같은 결과를 낳는지에 대해, 자연만이 그런 결과를 낳을 것이라는 것 말고 어느 누가 그 어떤 다른 궁극적인 이유를 제시할 수 있을까?** 자연은 확실히 습관에서 생겨날 수 있는 것은 무엇이든 산출할 수 있다. 아니, 습관이란 그저 자연의 여러 원리들 가운데 하나에 지나지 않으며, 습관의 모든 힘은 바로 그 근원에서 온다.(T 179: 고딕체 필자 강조)

위의 밑줄 친 문장을 보면, 흄은 정당화에 대한 우리의 노력은 어느 지점에선가 끝이 나야 하며, 그 종착점에 자리하는 것은 인간의 사고 행태에 관한 자연적 사실의 기술이라고 말하는 듯이 보인다. 토대주의자들은 정당화가 마지막까지 진행되어야 한다고 생각한다. 이들에 따르면, 정당화의 과정은 종결될 수 있으며, 그것은 오직 내적으로 신뢰성을 얻은 신념들 및 원리들에 도달함으로써 그렇게 된다. 자연주의자는 우리의 기초 신념을 정당화하려는 시도를 그것을 인과적으로 기술하려는 시도로 대체해야 한다고 보는 반면에, 토대주의자들은 아무리 회의론적 요구가 집요할지라도 정당화는 지속되어야 하며 궁극적으로 그런 정당화가 가능할 것이라고 믿는 것이다.

우리의 기초 신념들의 참된 근거에 관한 흄의 주요 논제를 간략하게 정리하자면 이렇다. 흄은 인식론의 전통적인 정당화 프로그램을 사전에 봉쇄하면서, 이러한 믿음의 행태는 결국 우리가 그렇게 믿는 것이 자연적이라고 생각하는 행태라는 관찰로 만족해야 한다고 제안한다. 즉 우리의 기초 신념들에 관련된 문제는 합리적 정당화의 문제라기보다는, 궁극적으로 우리가 지닌 몇몇 특정 성향들을 기술하는 것의 문제라는 것이다. 다시 말해서 우리는 단지 그런 사실들을 믿는 것이 자연적이라고 생각할 뿐이다. 흄은 신념 또는 확신을 합리적 추론의 문제가 아니라 자연적 반응으로 이해하는 것이다. 이것이 흄이 어떤 것에 대한 신념—과거 경험이 반복됨으로써 생긴—을 우리 마음의 습관적인 반응으로 설명할 때, 그리고 그것에 느낌 feeling의 지위를 부여할 때, 그가 의미하고자 한 것이다.

# 부록

1. 《인간 본성에 관한 논고: 실험적 추론 방법을 도덕적 주제들에 도
   입하려는 시도》, 런던, 1739~1740.

   *Treatise of Human Nature: Being an Attempt to introduce
   the experimental Method of Reasoning into Moral Subjects*,
   3vols. London, 1739~1740.

   필자가 사용한 《논고》는 다음과 같다. David Hume, *A Treatise of
   Human Nature*, Ed. L.A.Selby-Bigge, 2nd ed. P. H. Nidditch
   (Oxford: Clarendon, 1978). 《논고》의 우리말 번역본은 다음과 같다.
   《인간 본성에 관한 논고》 전 3권, 이준호 역, 서광사, 1994~1998.

2. 〈인간 본성에 관한 논고 요약〉, 런던, 1740.

   An Abstract of a Book lately Published; Entituled, *A Treatise
   of Human Nature, &c. Wherein the Chief Argument of that
   Book is farther Illustrated and Explained.* London, 1740.

이 소책자는 1930년대 중반에 케인즈J. M. Keynes와 스라퍼P. Sraffa에 의해 재발견되어 《인간 본성에 관한 논고 요약*An Abstract of a Treatise of Human Nature* (1740): *A Pamphlet hitherto unknown by David Hume*》(cambridge, 1938)이란 제목으로 출판되었다. 그 전에는 아담 스미스가 이 책자의 저자라고 여겨지기도 했다. 이 《요약》의 우리말 번역은 다음 책에 수록되어 있다. 《데이빗 흄의 철학》, 황필호 편역, 철학과현실사, 2003, 143~172쪽.


3. 《도덕 및 정치 에세이》, 에든버러, 1741~1742.

*Essays, Moral and Political.* 2vols. Edinburgh, 1741~1742.

이 저작에 있던 에세이들의 대부분은 《여러 주제들에 관한 에세이와 논고*Essays and Treatises on Several Subjects*》라는 책의 일부로 《도덕, 정치 및 문예 에세이*Essays, Moral, Political, and Literary*》편으로 묶여 1758년에 출판되었다. 이 총서는 1760년에서 1777년까지 흄의 감수 하에서 제7쇄까지 인쇄되었다.

4. 《한 신사가 에든버러에 있는 그의 친구에게 보내는 편지》, 에든버러, 1745.

*A Letter from a Gentleman to His Friend in Edinburgh: Containing Some Observations on A Sepcimen of the Principles concerning Religion and Morality, said to be maintain'd in a Book lately publish'd, entitled, A Treatise of Human Nature,* &c. Edinburgh, 1745.

5. 《인간 오성에 관한 탐구》, 런던, 1748.

*An Enquiry concerning Human Understanding.*

이 책이 1748년에 처음 출판되었을 때의 제목은 《인간 오성에 관한 철학 에세이 *Philosophical Essays concerning Human Under-*

*standin*》(London, 1748)였으며, 〈인간 오성에 관한 탐구〉는 제2판 (1751) 때부터 붙여진 이름이다. 필자가 사용한 《탐구》의 원전은 다음과 같다. *Enquiries concerning Human Understanding and concerning the Principles of Morals,* ed. P.H. Nidditch, Oxford: Clarendon Press, 1975(이 책은 현재 필자가 한국학술진흥재단의 동서양명저연구번역사업(2003년)의 지원을 받아 번역 중에 있다).

6. 《도덕 원리들에 관한 탐구》, 런던, 1751.

*An Enquiry concerning the Principles of Morals.* London, 1751.

필자가 사용한 《도덕 탐구》의 원전은 앞의 《탐구》의 원전과 합본으로 출판된 앞의 책이다.

7. 《정치 강화》, 에든버러, 1752.

*Political Discourses*. Edinburgh, 1752.

이 책에 수록된 에세이들은 나중에 가서 모두《여러 주제들에 관한 에세이와 논고》에 편입되었다. 이 총서는 1753년에서 1756년 사이에 처음 출판되었으며, 1758년에서 1777년 사이에 흄의 감수 아래서 제8쇄까지 인쇄되었다.

8. 《네 편의 논문》, 런던, 1757.

*Four Dissertations*. London, 1757.

여기에 실린 논문들 역시 나중에 《여러 주제들에 관한 에세이와 논고》에 편입되었다.

9. 《영국: 줄리어스 시저의 침략부터 1688년 혁명까지》, 런던 또는 에든버러, 1754~1762.

*The History of England, from the Invasion of Julius Caesar to*

*The Revolution in 1688.*

1754년에서 1762년까지 8년에 걸쳐 총 6권의 책으로 완성되었다.


10.《데이빗 흄 자신이 쓴 그의 생애》, 런던, 1777.

*The Life of David Hume*, Esq. Written by Himself. London, 1777.

이 자서전의 우리말 번역본은 '나 자신의 한평생'이라는 제목으로 다음의 책에 수록되어 있다.《데이빗 흄의 철학》, 황필호 편역, 철학과현실사, 2003, 65~77쪽.


11.《자연 종교에 관한 대화》, 런던, 1779.

*Dialogues concerning Natural Religion.* London, 1779년.

흄의 조카인 소小 데이빗 흄David Hume the younger이 편집하고 출판한 유고집이다. 이《대화》의 우리말 번역본은 다음과 같다.

《자연종교에 관한 대화》, 탁석산 옮김, 울산대출판부, 1998.

12. 〈흄 초기의 비망록〉, 《관념의 역사》 제9권, 1948
   "Hume's early Memoranda, 1729~1740." ed. E. C. Mossner.
   *Journal of the History of Ideas* 9, 1948, pp. 492~518.

13. 《데이빗 흄의 편지》, 옥스퍼드, 1932.
   *The letters of David Hume,* ed. by J.Y.T. Greig. 2 vols.
   Oxford: Clarendon Press, 1932, 2nd ed. 1969, 1983.

14. 《데이빗 흄의 새로운 편지》 옥스퍼드, 1954.
   *New Letters of David Hume.* ed. Raymond Klibansky and
   E.C.Mossner. Oxford: Clarendon Press, 1954, 2nd ed. 1970,
   1983.

1  E. C. Mossner, *The Life of David Hume*, London, 1954, pp. 555~556.

2  *Oeuvres Complètes*, Paris, 1883~1887, XXV, pp. 169~173.

3  A.J. Ayer, *Hume*, Oxford: Oxford UP, 1980, 85.

4  Barry Stroud, *Hume*, London: Routledge, 1977, pp. 171~ 192; J.L.Mackie, *Hume's Moral Theory*, London: Rout- ledge, 1980, pp. 64~75.

5  Mackie, 앞의 책, 68쪽.

6  Stroud, 앞의 책, 183쪽.

7  이러한 명명은 스트로드에 따른 것이다. 맥키는 이것을 이와 유사한 의미에서 '객관화 이론objectification theory' 이라 부르고 있다. Mackie, 앞의 책, 72쪽 참고.

8  Stroud, 앞의 책, 176~180쪽.

9  Mackie, 앞의 책, 72쪽.

**10**　Norman Kemp Smith, *The Philosophy of David Hume*, London: Macmillan, 1949. I～II장 참고.

**11**　흄은 이렇게 말한다. "우리의 기억과 감각의 직접 인상을 넘어서 우리를 나아가게 할 수 있는 대상들의 유일한 연결 또는 관계는 원인과 결과의 관계뿐이다. 그리고 그것이 우리가 한 대상에서 또 다른 대상에로의 정당한 추론을 발견할 수 있는 유일한 것이다." (T 89)

**12**　인과추론을 이렇게 넓게 이해하는 흄의 입장은 다음의 글에서도 잘 나타난다. "순전한 관념들에 의존하지 않는 세 가지 관계들 가운데 우리의 감각 너머로 진행될 수 있는, 그리고 우리가 보거나 느끼지 못하는 존재와 대상들에 대해 우리에게 알려주는 유일한 관계가 인과성이다." (T 74)

**13**　흄의 분류에 따르면, 신에 대한 믿음을 지지하는 논증은 크게 두 유형으로 나뉜다. 선험적 논증the argument a priori과 후험적

논증the argument a posteriori이 그것이다. 전자는 우주론적 논증을 지칭하며, 후자는 목적론적 논증을 지칭한다. 이런 점에서 선험적과 후험적에 대한 오늘날의 이해는 흄 당시와 다르다는 것을 알 수 있다. 오늘날의 의미에서 우주론적 논증은 선험적이라기보다는 후험적 논증에 속할 것이다.

**14** 섭리providence라는 개념은 기독교 신학에서 중요한 교리이며 이것의 구체적인 의미와 해석에 대해 여러 견해가 있음에도 불구하고, 흄은 이에 대한 자세한 설명을 제시하고 있지 않다. 섭리의 일반적인 뜻은 다음과 같다. "신이 세계를 창조한 의지로 우주를 지배하며 인간의 구원에 관한 계획을 이루려는 뜻, 또는 그 목표로 이끔."(《우리말 큰사전》 한글학회 지음, 어문각, 1992) "피조물들에 대한 신의 보살핌, 이것들에 대한 신의 관리super-vision, 및 이것들의 안녕을 위해 사물들의 전체적 진행을 질서 지움."(James Hastings ed., *Encyclopaedia of Religion and Ethics*, Vol.

10, Edinburgh: T.&T. Ltd., 1981) 이러한 섭리는 크게 일반 섭리와 특수 섭리로 나뉜다. 전자에 따르면 신은 전체의 복리wellbeing 에 도움이 되는 보편 법칙에 따라 세상을 주제한다고 이해된다. 그러나 신의 섭리는 이러한 일반적 보살핌에 더하여, 저마다 다른 개인들의 복지도 배려한다는 것이 후자의 뜻이다. "신은 특수화 없이 일반화하지는 않는다." (앞의 책)

**15** William Paley, *Natural Theology* (Charlottesville, VA: Ibis Pub., 1986). chaps 1 and 3.

**16** David Hume, *Dialogues Concerning Natural Religion*, ed., Norman Kemp Smith(Edinburgh: Thomas Nelson & Son, 1947; 11th Printing, Indianapolis: Bobbs-Merrill, 1976). 51쪽 및 같은 쪽 주1 참고.

**17** 흄이 《논고》에서 다루는 세 가지 주요 주제들에 대해 일종의 '신념' 으로 표현한 것이 어떤 이들에게는 생소하고 의아스러울지 모른다. 왜냐하면 이들에게 흄은 몇몇 기본적 개념들 혹은

관념들을 분석한 것으로 알려져 있기 때문이다. 그러나 흄은
'관념'이라는 용어를 매우 넓은 의미로 사용하기에, 이 표현은
'신념'이라는 말로 무리 없이 대체될 수 있다. 실제로 흄을 이해
하는 데 한 가지 큰 어려움은 흄이 '관념'이라는 용어를 이렇듯
폭넓고 애매하게 사용하고 있다는 데에 기인한다. 관념이라는
말로, 흄은 거의 모든 종류의 정신적 활동을 의미한다. 그것은
감각일 수도 개념, 사고, 신념, 추론 또는 명제일 수도 있는 것
이다.

**18** 이런 용어를 사용하는 몇 가지 흄 연구자들을 들자면 다음과 같
다. (1) 근본 신념: Penelhum, Terence, *David Hume: An
Introduction to His Philosophical System*(Purdue University
Press, 1992), p. 25. Barry Stroud; *Hume*(London: Routledge,
1977), pp. 15~16. (2) 자연적 신념: Norman Kemp Smith,
*The Philosophy of David Hume*(London: Macmillan, 1949).

19   물리적 대상 및 인과추리에 대한 신념을 다룰 때와 마찬가지로,
홈은 자아에 관한 신념에 대해서 실재로 지속하는 마음이 있는
지 없는지 그리고 우리가 그런 것을 믿고 있는지 그렇지 않은지
에 대한 물음은 하지 않는다. 이 신념은, 그 진리나 적법성이 의
심스러움에도 불구하고 홈에 의해 당연한 것으로 받아들여진
다. 그가 문제 삼는 것은 '무엇이 그러한 신념의 진정한 근거 또
는 본색인가?' 이다. 이에 대한 탐구의 과정에서 홈은 또다시 이
런 신념은 합리적 근거를 가지지 못한다고 하는 피론적 회의론
에 개입된다. 근본 신념들에 대한 이러한 일상적 확신에 대해서
는 다음 절에서 자세히 살펴볼 것이다.

20   이 논증에서 우리는 홈 회의론의 색다른 성격을 볼 수 있다. 즉
홈 회의론은 일반적으로 우리의 신념이나 지식의 합리적 근거
에 반대하는 논증을 제기하는, 즉 피로니즘 또는 인식론적 회의
론의 경향을 띠는 반면에, 이 논증에서 보면, 홈은 우리의 신념

또는 관념은 경험적 토대가 없기에 무의미하며, 따라서 불가해하다는 투의 개념적 회의론에 도달하는 듯이 보인다. 이런 점에서 흄은 논리실증주의의 선구자로 여겨질 수도 있을 것이다. 그러나 흄의 《논고》 전체를 고려할 때 필자의 생각으로 앞서 인용한 흄의 마지막 문장은 과장이나 수사적인 표현으로 해석하는 것이 더 합당할 것 같다. 왜냐하면 다른 주제들을 다룰 때와 마찬가지로, 자아의 신념의 경우에도 흄은 자신의 논의를 시작하면서 우리는 그 신념을 일상생활에서 견고히 유지하고 있다는 사실을 못 박고 있기 때문이다. 그리고 그는 비록 그 신념들이 아무런 합리적 근거를 가지지 않는다 해도 또는 심지어 그것들이 거짓이라 해도 우리는 그것을 포기해야 한다고 말하지 않는다. 더구나 흄의 중심 과제가 신념의 근원에 관한 설명을 제공하는 것임을 고려한다면, 흄이 자아 신념을 무의미한 것으로 간주한다는 해석은 다소 지나친 것 같다. 오히려 필자는 흄 회의

론의 중요한 특징을 이렇게 이해해야 한다고 본다. 즉 흄은 일
반적으로 자신의 회의론적 결론을 개념적 영역에까지 확대 적
용시키기보다는 인식론의 영역에 한정시킨다고 말이다. 이것에
관하여, 포겔린은 흄의 개념적 회의론이 철학적 독단들에 대해
서만 한정적으로 적용되는 데 반하여 그의 이론적 인식론적 회
의론은 무제한적으로 적용된다는 점을 지적한다. 흄 회의론의
여러 측면에 관해서는 다음을 참고하라. Robert J. Fogelin,
*Hume's Skepticism in the Treatise of Human Nature*
(London: Routledge, 1985), Chapter I, pp. 5~12.

21  Norman Kemp Smith, op.cit. 84. 앞의 흄 인용문에서 주목할
점은 흄은 이성은 본능에 단순히 종속되어 '있는' 것이 아니라
종속되 '어야만 한다' 고 말한다는 사실이다. 이에 뒤따르는 캠프
스미스의 인용문에서 볼 수 있듯이, 캠프 스미스는 이 점을 놓
치지 않는다. 그 표현은 흄이 자연적 신념들을 단순히 심리학

적, 실천적인 면에서 회피 불가능한 것 이상으로 생각한다는 것을, 즉 이론적인 방식으로도 뒷받침되어야 한다는 것을 암시한다. 필자는 다음 소절에서 흄의 자연적 신념들(근본 신념들)의 회피 불가능성을 이론적으로 뒷받침하는 논리를 흄의 글 안에서 찾아내고자 할 것이다.

22 캠프 스미스의 이러한 해석에 관한 필자의 견해는 이러하다. 캠프 스미스에 의해 흄 철학의 전부로 표현되는 '종속 논제'는 사실상 흄의 자연주의적 프로그램의 한 구성 요소이다. 캠프 스미스는 그 논제를 지나치게 흄 철학에서 인간 본성의 최종적이고 결정적인 원리로 제시하는 데 급급하여, 그는 흄의 자연주의를 종속 논제와 거의 동일시하고 있는 것 같다. 이런 점에서 우리는 흄에 관한 캠프 스미스의 자연주의적 해석과 스트로드의 그것 사이에 차이를 발견할 수 있다. 그 차이는 물론 실제 내용의 차이라기보다는 강조점을 어디에 두느냐에 있지만 말이다. 스트로

드는 흄의 자연주의를 훨씬 넓은 맥락에서 이해하고 있다는 점
에서 옳은 것 같다. 즉 그는 그것의 여러 다양한 측면들, 즉 흄
자연주의의 정신, 방법, 인식론적 함축의 다양한 측면들을 다룬
다. Barry Stroud, *Hume* (London: Routledge, 1977)를 참고.

**23** Norman Kemp Smith, op.cit., p. 86.

**24** Norman Kemp Smith, ibid, p. 86. 캠프 스미스의 접근에 기
초하면, 자연적 신념의 기준은 다음과 같이 압축될 수 있겠다.
자연적 신념은 (1) 이성이나 감각경험에 기초하기보다는 본능
에 기초하며 (2) 보편적이고 회피 불가능하고 (3) 생존을 위해
필수불가결하며 (4) 특정 유형의 경험적 지식을 위한 선先조건
이다. 이 4가지 기준들 가운데서, 필자가 보기에 (3)의 기준은
흄의 텍스트에서 그 전거가 약하기에 받아들이기 힘들다. 흄의
자연적 신념들의 기준에 관한 더욱 상세한 논의는 다음을 참고
하라. Dorothy Coleman, "Hume's Alleged Pyrrhonism",

*The Southern Journal of Philosophy* 26(1988), pp. 461~468; Thomas K. Jr. Hearn, "Norman Kemp Smith on Natural Belief", *Southern Journal of Philosophy* VII(1969), pp. 3~7; Ronald J. Butler, "Natural Belief and The Enigma Of Hume", *Archiv Fuer Geshichte der Philosophie* XLII(1960), pp. 73~100.

25  Barry Stroud, op. cit., p. 76를 참고. 흄 신념 이론의 "한 가지 중요한 귀결"을 강조하면서 스트로드는 "신념의 회피 불가능성 inevitability"을 이렇게 기술한다. "관찰되지 못한 것들에 대한 신념은, 자연에서의 다른 현상들처럼 완전히 자연적으로 생겨난다. 그것은 우리 경험에서의 반복의 결과로서 '습관'에 의해 생겨난다. 우리는 우리가 하고 있는 것을 믿기로 결정짓지 않는다. 우리는 우리에게 가장 근본적인 것들을 믿음에 있어서 자유롭지 못하다.

1711년 4월 26일 영국 스코틀랜드 에딘버러에서 출생

　영국 경험론의 3대 거장 중의 마지막 인물인 흄이 태어났을 때, 로크는 죽은 지 9년이 지났으며, 버클리는 26세의 젊은 나이였다.

1723~1725(1726) 에딘버러 대학 수학

　12살의 나이에 에딘버러 대학에 입학. 그리스 고전과 논리학, 형이상학, 뉴턴 자연철학, 윤리학 및 수학을 공부했다. 그는 1725년(또는 1726년)에 학업을 중단했으며, 이후 수년간 집에서 공부했다. 이 시기에 흄은 성공적인 문필가a man of letters가 되려는 야심을 품게 되었다.

1734~1737년 프랑스 라 플래슈에서 《논고》 저술

　프랑스의 앙쥬 지방에 있는 아름다운 전원도시, 라 플래슈는 흄이 《인간 본성에 관한 논고》를 쓰기에 최적의 여건을 제공했다. 그곳

에서 그는 데카르트를 배출했던 곳으로 유명한 예수회 대학과 접촉을 갖기도 했다. 1739년에 흄은《인간 본성에 관한 논고》의 처음 두 권을 익명으로 출판했으며, 1740년에 세 번째 권을 출판했다.

## 1745~1752년 좌절과 새로운 기회, 그리고 명성

1745년 흄에게 에딘버러 대학의 윤리 및 종교 관련 철학교수 직을 맡을 기회가 주어졌다. 흄은 당시 다소 명성도 있었고 대학 내 고위직의 의향도 고무적이었다. 그러나 흄을 무신론자와 회의론자로 규정한 반대 세력에 의해 흄의 노력은 좌절되고 말았다. 이후로 흄은 한편으로 경제적인 문제 해결을 도모하면서도 다른 한편으로는 꾸준히 자신의 주저를 재서술하는 작업을 진행했다. 그 결과 1748년《인간 오성에 관한 탐구》, 1751년《도덕 원리들에 관한 탐구》를 출간할 수 있었다. 노력하는 자에게 기회는 다시 오게 마련이다. 1752년 흄은 마침내 에딘버러 변호사회 도서관 사서로 임명되어,

적절한 지위와 수입을 확보할 수 있게 되었으며, 무엇보다도 그 도서관의 방대한 자료를 직접 접할 수 있는 기회를 얻었다. 이때부터 흄은 《영국사》 저술을 시작했으며, 1754?1759년에 걸쳐 출간했는데, 이제 그의 문필가로서의 명성은 "영국의 가장 위대한 저술가"라는 평을 받을 만큼 높아졌다.

## 1763~1766년 파리 생활

흄은 파리 사절의 비서관으로 프랑스에 갔다. 거기서 그는 자신의 역할을 잘 수행하여 대리 대사로 한동안 더 남아 있게 되었고, 그 사이에 그는 파리 사교계에서 환대 받는 인물이 되었다. 1766년 흄은 《에밀》의 출간으로 곤경에 처한 루소를 데리고 영국에 돌아왔고, 그가 머물 만한 은둔처를 마련하는 데 큰 노력을 기울였다. 그러나 이 골치 아픈 천재 루소는 이 모든 친절을 앙심과 악용으로 되갚았다.

1767~1769년 공직 생활과 은퇴

흄은 요직이던 런던 동부 내무 차관자리를 수락하여 2년간 공직을
맡은 후 자신의 고향인 에딘버러로 은퇴했다.

1775~1776년 노환과 죽음

자신이 치명적인 장암에 걸린 것을 알게 된 그는 절명의 확신 속에
서도 동요하지 않았다. 그는 늘 그렇듯이 서글서글하게 친구들을
맞았으며, 자신이 쓴 책을 계속 수정·보완하는 일을 멈추지 않음
으로써, '마지막까지 참되라'는 그의 가훈에 충실했다. 그는 1776
년에 65세의 생을 마감했다.

17세기 바로크 시대의 네덜란드에서는 한때 바니타스라는 정물화가 유행하였다. 허망함과 무상함을 나타내는 바니타스는 사물의 생명감이나 정돈된 배치를 보여주는 여느 정물화와 달리 죽음과 소멸이라는 부정적이고 불쾌하기까지 한 이미지에 치중한다. 해골이나 곰팡이가 낀 치즈, 썩은 사과 등이 즐겨 사용된 이미지들이었으니 그 그림의 음산한 분위기는 상상만으로도 충분히 짐작할 수 있을 것이다. 오늘날 철학의 모습을 그림으로 그린다면 생동감 있는 정물화가 아닌 소멸하고 있는 바니타스의 모습일 것이다. 아니, 철학뿐 아니라 인문학 자체가 바로 이런 모습일지도 모른다.

사실 바니타스의 화가들이 사물의 어둡고 무상한 측면을 부각시킨 것은 생명에 대한 또 다른 직관에 기초한 것이었다. 부패와 죽음은 감추고 싶지만 결국은 떨쳐버릴 수 없는 현실의 또 다른 한 모습이기 때문이다. 마찬가지로 과거에 마치 학문의 제왕인 듯 행세하던 철학과 인문학의 죽음이 오늘날 당연시되고 희화화되기도 한다. 클

릭한 지 3초만 지나도 자신이 원하는 사이트에 링크가 되지 않으면
바로 중지시키고 다른 사이트로 이동하는 초감각적인 세대들에게
철학이나 인문학은 결코 매력 있는 학문이 아닐 것이다. 시간을 두
고 끈기 있게 달라붙어야만 겨우 개략적인 의미만을 파악할 수 있
는, 느림의 미학을 터득한 사람들에게나 어울리는 학문으로 비춰질
지도 모른다.

그러나 역설적인 사실은 바로 이런 상황이 철학의 가치를 더 크게
만들고 있다는 것이다. 아이디(ID)로만 통용되는 가상의 현실 속에서
경험하는 주체들의 혼란과 자아 정체성의 문제, 매트릭스에 의한 가
상현실과 지식의 한계, 혹은 그 기초의 문제 등에 봉착하면서 우리는
다시 가장 근본적인 철학적 의문으로 돌아가지 않을 수 없다. 철학이
무용화되는 시기에 오히려 철학적인 담론들이 가장 번성하였다는 역
사적 사실만 보더라도 오늘날 철학의 가치가 얼마나 큰 것인지 쉽사
리 짐작할 수 있을 것이다.

'누구나철학총서'는 바로 이러한 상황 인식을 바탕으로 기획되었
다. 총서의 이름에 그다지 학술적으로 느껴지지 않을 '누구나'라는
단어를 부여한 것도 나름대로의 이러한 소명을 담고 있다. '누구나'
는 이중의 의미를 가지고 있다. 먼저, 청소년을 포함하여 성숙한 사
고를 시작하거나 이미 갖춘 사람이라면 누구나 반드시 한번은 접해
보아야 하는 철학총서를 만들겠다는 의지를 담고 있다. 또한 고등학
생 정도의 지식만 가지고 있다면 누구나 읽을 수 있는 난해하지 않은

철학책을 만들겠다는 강력한 의지도 반영하고 있다. 엄청난 속도와 순발력이 필요한 이 시대에 그와 정반대되는 느림의 미학만을 고집하는 딱딱한 철학 총서를 고집하는 것은 이 총서의 의도와 어긋난다.

본 총서는 다음과 같은 면에서 지금까지와 다른 세 가지 특징을 가지고 있다.

첫째, 본 총서는 동서양의 주요 철학자들을 거의 총망라하는 대규모의 총서이다. 동서양의 주요 철학자 100명의 사상을 총 100권으로 담는 그 규모에서 볼 때 지금껏 유례가 없을 것이다. 하지만 단순한 산술적 수치에서 갖는 규모의 의미보다 본 총서는 동서양의 주요 사상가들을 모두 다루고 있다는 데서 전 세계적으로도 유례가 드문 시도가 될 것이다. '누구나철학총서'는 서양의 사상가 60명과 한국, 중국, 인도의 사상가 40명에 대한 소개로 이루어질 것이다. 역사적 범위로 볼 때도 소크라테스나 공자로부터 로티와 들뢰즈 혹은 풍후란에 이르기까지 현재까지도 활동하고 있거나 주도적인 영향을 끼치는 사상가까지 포함된다. 특히 일반인들에게 잘 알려지지 않았지만 반드시 소개되어야 할 가치가 있는 사상가들 역시 대거 포함된 것도 본 총서만이 가진 강력한 장점 중의 하나라고 할 수 있다.

둘째, 본 총서의 모든 필자가 국내 학자라는 사실이다. 본 총서는 국외 저자의 원저에 대한 번역물을 포함하고 있지 않다. 필자들은 모두 해당 사상가들을 전공하는 전문가들로 이루어져 있다. 따라서 어설픈 번역에서 오는 의사소통의 단절이라든가 비전공자의 무지로 인해 독자들이 어려움을 겪는 일이 한껏 줄어들 것이다. 특히 몇 사람을 제외한 필자 대부분이 30대 혹은 40대 소장 학자들이기 때문에 일반 독자들이 겪을 수도 있을 어려움을 충분히 의식하고 있으며 나름대로 해소하기 위해서 노력하는 사람들이라는 점도 큰 장점이 될 것이다.

셋째, 본 총서는 '누구나철학총서'라는 총서명에서 알 수 있듯이, 청소년들과 일반 독자들로부터 철학을 전공하거나 관심이 있는 전문 독자들에 이르기까지 말 그대로 누구나 읽을 수 있는 철학 총서이다. 주요 개념이나 사상에 대한 설명은 청소년 독자들의 이해 수준에 맞추지만 각각의 책이 담는 내용의 범위는 해당 사상가의 핵심적인 사상과 범위 전체를 덮을 것이기 때문이다.

이같이 엄청난 기획은 혼자만의 힘으로 되는 것은 아니다. 본 총서에 참가한 많은 집필자들이 기획 과정에서부터 출판에 이르기까지 조력을 아끼지 않았다. 본 기획이 첫 결실을 맺기까지 3년이 넘는 준비 기간과 시행착오를 겪어야만 했다. 청소년들을 포함한 이 책을 읽는 독자들 모두가 '누구나철학총서'를 통하여 철학의 참 맛과 유쾌함을 경험할 수 있을 것이다

기획위원 박영욱